Lições de psicodrama

CIP-BRASIL. CATALOGAÇÃO NA PUBLICAÇÃO
SINDICATO NACIONAL DOS EDITORES DE LIVROS, RJ

G625L

Gonçalves, Camila Salles
    Lições de psicodrama : introdução ao pensamento de J. L. Moreno / Camila Salles Gonçalves, José Roberto Wolff, Wilson Castello de Almeida. - [12. ed. rev.] - São Paulo : Ágora, 2023.
    112 p. ; 21 cm.

    Inclui bibliografia
    ISBN 978-85-7183-315-9

    1. Moreno, J. L. (Jacob Levy), 1889-1974. 2. Psicodrama. I. Wolff, José Roberto. II. Almeida, Wilson Castello de. III. Título.

23-82816   CDD: 616.891523
                                                                CDU: 615.851

Meri Gleice Rodrigues de Souza - Bibliotecária - CRB-7/6439

www.editoraagora.com.br

EDITORA AFILIADA

Compre em lugar de fotocopiar.
Cada real que você dá por um livro recompensa seus autores
e os convida a produzir mais sobre o tema;
incentiva seus editores a encomendar, traduzir e publicar
outras obras sobre o assunto;
e paga aos livreiros por estocar e levar até você livros
para a sua informação e o seu entretenimento.
Cada real que você dá pela fotocópia não autorizada de um livro
financia o crime
e ajuda a matar a produção intelectual de seu país.

Lições de psicodrama

INTRODUÇÃO AO PENSAMENTO DE J. L. MORENO

CAMILA SALLES GONÇALVES
JOSÉ ROBERTO WOLFF
WILSON CASTELLO DE ALMEIDA

EDITORA
ÁGORA

LIÇÕES DE PSICODRAMA
Introdução ao pensamento de J. L. Moreno
Copyright © 1988, 2023 by autores
Direitos desta edição reservados por Summus Editorial

Editora executiva: **Soraia Bini Cury**
Edição: **Janaína Marcoantonio**
Preparação: **Raquel Gomes**
Revisão: **Carlos S. Mendes Rosa**
Capa: **Delfin [Studio DelRey]**
Projeto gráfico e diagramação: **Crayon Editorial**

Editora Ágora
Departamento editorial
Rua Itapicuru, 613 – 7º andar
05006-000 – São Paulo – SP
Fone: (11) 3872-3322
http://www.editoraagora.com.br
e-mail: agora@editoraagora.com.br

Atendimento ao consumidor
Summus Editorial
Fone: (11) 3865-9890

Vendas por atacado
Fone: (11) 3873-8638
e-mail: vendas@summus.com.br

Impresso no Brasil

Sumário

PRÓLOGO 7

1 APRESENTAÇÃO DE J. L. MORENO. 9

2 LOCALIZAÇÃO HISTÓRICO-CULTURAL 17

3 QUATRO MOMENTOS CRIATIVOS 31
Religioso e filosófico (até 1920) 31
Teatral e terapêutico (1921-1924) 32
Sociológico e grupal (1925-1941) 32
Organização e consolidação (1942-1974) 34

4 TEORIA SOCIONÔMICA 37
Sociodinâmica 37
Sociometria 38
Sociatria 39

5 A VISÃO MORENIANA DO SER HUMANO 41
O ser humano como agente espontâneo 41
O nascimento e o fator E 41
A revolução criadora 42
Espontaneidade e criatividade 42
Criatividade *versus* conserva cultural 43
O fator tele 44
Tele e empatia 45
Tele e transferência 46
A medida do fator tele 47
Tele e encontro 47
O encontro 48
A teoria do momento 50
O "aqui e agora" 51
Coconsciente e Coinconsciente 51
Coinconsciente e inversão de papéis 52

6 A FORMAÇÃO DA IDENTIDADE 55
A matriz de identidade 55
Átomo social 58

As redes sociométricas.................................59

7 TEORIA DOS PAPÉIS...............................61
A origem dos papéis na matriz de identidade.............64
Papéis psicossomáticos..............................65
Papéis sociais e papéis psicodramáticos................67
Papéis psicodramáticos no psicodrama..................69
Papéis complementares..............................70

8 TEORIA DA AÇÃO................................71
Ação espontânea e desempenho de papel................71
Ação espontânea, seinismo e convalidação existencial.....72
Ação espontânea e fatores intervenientes...............72
Ação no psicodrama: a dramatização...................74
Ação, aquecimento e teoria da técnica.................75
Aquecimento inespecífico e emergência do protagonista....75
Aquecimento específico e dramatização.................76
Dramatização e papéis não vividos....................76
Passagem ao ato — *acting-out*......................77
Catarse de integração..............................78
A catarse do grupo................................78

9 TÉCNICAS....................................81
Técnicas históricas................................81
Resistências.....................................83
Técnicas básicas..................................85
Outras técnicas...................................87
Onirodrama......................................90
Como dramatizar..................................92

10 PRÁTICA PSICODRAMÁTICA........................95
Contextos.......................................95
Instrumentos....................................97
Etapas...99

EPÍLOGO...101
1. Roteiro para leitura linear de Moreno................101
2. Roteiro para leitura em ziguezague.................104

BIBLIOGRAFIA BÁSICA...............................109

Prólogo

NESTE PRÓLOGO OU "EXPOSIÇÃO do drama ao público", respeitando a tradição teatral, cabe mencionar a consagração de J. L. Moreno como criador do psicodrama, do sociodrama, da psicoterapia de grupo e como expoente no âmbito da psicologia social e das psicoterapias. Médico, revolucionário em suas propostas, esse "Orson Welles da psicoterapia de grupo" emergiu na década de 1920 com novas possibilidades criativas para o teatro e para a psicoterapia.

Ao longo do tempo, dialogando sobre a obra do criador do psicodrama, permitimo-nos uma aproximação das questões mais frequentes formuladas pelos alunos que iniciam sua formação regular em psicoterapia e em sociometria e por todos os demais interessados no tema.

A psicoterapia e a dinâmica de grupo têm revelado resultados práticos inegáveis em vários países, especialmente no Brasil, onde as ideias de Moreno ganharam o interesse de educadores, sociólogos, psicólogos e psiquiatras. Com o amplo leque de aplicações de suas técnicas (ver "Aplicações do psicodrama", na p. 107 deste livro), sobressai-se o movimento de psicoterapia, hoje organizado na Federação Brasileira de Psicodrama (Febrap), com dezenas de associações federadas e um universo de milhares de profissionais, entre alunos, professores e psicoterapeutas, todos estudando, praticando, discutindo e criando o psicodrama brasileiro.

Ensinando Teoria do Psicodrama, uma coisa pareceu-nos certa: faltava um livro didático que fizesse a apresentação de

Moreno, que sistematizasse suas teses e encaminhasse o estudante na leitura de sua obra.

Talvez a melhor lição, para nós, das experiências mencionadas tenha sido a que nos mostrou quanto a simplicidade é desejável se pretendemos aprender ou ensinar alguma coisa. Alguns anos talvez nos autorizem, agora, a indicar passos firmes e simples para quem deseja deslindar o emaranhado conceitual de Moreno ou para quem começa a se perguntar "do que se trata".

Em relação à Teoria do Psicodrama, com certeza não estamos dando a última palavra. Nosso intuito é exatamente o de oferecer as primeiras palavras, uma introdução própria e apropriadamente dita.

Apresentamos um acesso às primeiras respostas. Situamos as descobertas de Moreno na história de sua vida e no contexto da clínica e de outras práticas psico e sociodramáticas. O vocabulário e os conceitos fundamentais da teoria estão expostos da maneira mais clara e aberta a que nos foi possível chegar. Rente a Moreno, nossa leitura e paráfrase não se propõem como simplificação, mas como sistematização, para informar o estudo inicial, concluindo com a sugestão de outras veredas, para quem tirou proveito da viagem.

São Paulo, inverno de 1988

1. Apresentação de J. L. Moreno

É MUITO IMPORTANTE QUE se conheça a biografia do médico Jacob Levy Moreno, pois é nela que encontramos os primórdios do desenvolvimento do psicodrama, como teoria e técnica psicoterápica. Figura extrovertida, carismática, bom orador, vitalidade para o trabalho, dele se dizia: "Sabe o que faz e faz o que sabe".

Em relação à data e ao local de nascimento, existe controvérsia, esclarecida pelas pesquisas de Gheorghe Bratescu, que afirma ser 6 de maio de 1889 a data exata, na cidade de Bucareste, na Romênia. Moreno era de origem judaica (sefardim); sua família veio da Península Ibérica e radicou-se na Romênia na época da Inquisição.

Mais ou menos aos 5 anos de idade, mudou-se com a família para Viena, numa casa próxima ao rio Danúbio, onde viveu uma experiência interessante: brincar de ser deus. Ele e várias outras crianças brincavam de "deus e anjos" no porão de sua casa; o céu tinha vários planos, formados por caixotes empilhados em cima de uma velha mesa com uma cadeira no alto, que era o trono de deus; e lá estava o "menino-deus Moreno" sentado, quando um dos anjos solicitou que voasse e ele o fez, estatelando-se no chão e fraturando o braço direito.

Moreno refere-se com humor a esse episódio, dizendo que estava aí o embrião de sua ideia da espontaneidade como centelhas divinas em cada um de nós.

Até 1920, a vida de Moreno teve uma característica religiosa marcante. Entre 1907 e 1910, ele e alguns amigos, Chaim Kelmer (hasside de Chernovitz), Jan Pheda, de Praga, Hans Brouchkach, de Viena, e Andreas Pethö, de Budapeste, formaram a "Religião do Encontro". Expressando sua rebeldia diante dos costumes estabelecidos, usavam barba e viviam pelas ruas à maneira dos mais pobres; nesse período, Moreno ia aos jardins de Viena, onde fazia jogos de improviso com as crianças, favorecendo-lhes a espontaneidade.

Estudando na Faculdade de Medicina, em 1912, já estagiário da Clínica Psiquiátrica de Viena (a serviço do professor Otto Pötzl), conheceu Freud num curso de verão que este ministrava naquela faculdade.

Juntamente com um jornalista e um médico venereologista, fez, em 1914, um trabalho com as prostitutas vienenses utilizando-se de técnicas grupais, conscientizando-as de sua situação, o que favoreceu a organização de uma espécie de sindicato em Spittelberg.

Por volta de 1916, trabalhou num campo de refugiados tiroleses, observando as interações psicológicas entre os elementos do grupo.

Formou-se em Medicina em 1917.

De 1918 a 1920, editou a *Daimon*, a revista existencialista e expressionista dominante naquele período, juntamente com Martin Buber, Max Scheler, Jakob Wassermann, Franz Kafka e outros. Em 1918, teve contato direto com o filósofo Martin Buber, que se torna colaborador da revista.

Em 1920, publicou anonimamente *Das Testament des Vaters* [O testamento do pai], traduzido para o espanhol como *Las palabras del padre*.* Sua inclinação maior nessa época era para o teatro, onde, segundo ele próprio, existiam "possibilidades ilimitadas para a investigação da espontaneidade no plano experimental". Fundou, em 1921, o Teatro Vienense da Espontaneidade,

---

* Posteriormente, essa obra foi publicada em português sob o título *As palavras do pai* (Campinas: Psy, 1992). [N. E.]

experiência que constituiu a base de suas ideias da psicoterapia de grupo e do psicodrama.

A primeira sessão psicodramática oficial deu-se no dia 1º de abril de 1921, no Komödienhaus de Viena, onde Moreno apresentou-se sozinho; ao se abrir a cortina, havia apenas uma cadeira de veludo vermelho, espaldar alto e dourado, como um trono real, e, em cima da cadeira, uma coroa. O público era composto, na maioria, de curiosos habitantes da Viena pós-Primeira Guerra Mundial, uma cidade que fervia em revolta e onde não havia governo estável e nenhum líder. O tema era a busca de uma nova ordem de coisas e se propunha a testar cada um dos que, no público, aspirasse à liderança; ao público caberia o papel de júri. O que ocorreu é descrito pelo próprio Moreno: "ninguém foi considerado digno de ser rei e o mundo permaneceu sem líder".

Ainda em 1921, funda o Stegreiftheater (Teatro da Espontaneidade), situado na rua Mayseder, perto da Ópera de Viena, que em 1922 passou a ser financiado pelo irmão, William Levy Moreno.

O próprio Moreno vê no período em que se dedicou ao teatro uma transição de sua fase religiosa para a científica. Diz ele que, superada a fase religiosa, em vez de fundar uma seita, ingressar num mosteiro ou criar uma teologia, aproveitou sua ideia da "espontaneidade como natureza primordial, que é imortal e reaparece em cada nova geração" para se rebelar contra o falseamento das instituições sociais (da Família à Igreja) e a robotização do ser humano. No teatro, ele vislumbrava a possibilidade de iniciar sua revolução a partir da investigação da espontaneidade no plano experimental.

A filosofia da espontaneidade já anunciara seu início com a publicação, na revista *Daimon*, dos três diálogos: "A divindade como autor", "A divindade como orador" e "A divindade como ator".

Sua vocação para o teatro era antiga. Vinha das brincadeiras infantis, como a "brincadeira de ser deus", que ele quis que constasse em sua biografia. Passa pelas encenações dos contos de

CAMILA SALLES GONÇALVES, JOSÉ ROBERTO WOLFF
E WILSON CASTELLO DE ALMEIDA

fadas nos jardins de Augarten, com as crianças que ali frequentavam. No ano de 1911, com um amigo, interrompe a apresentação da peça *E assim falou Zaratustra* num teatro de Viena, com a proposta de experimentar "um teatro perfeitamente real".

Seu interesse pelo teatro não era uma coisa isolada. O mundo daquele tempo vivia a preocupação de revolucionar essa forma de expressão cultural. Já em 1905 Constantin Stanislavski criara o estúdio experimental de teatro; também nesse ano, Max Reinhardt quebrou a convenção entre palco e plateia e levou o teatro a igrejas e circos. Em 1917, Luigi Pirandello alcançava sucesso com seu teatro psicológico e, em 1927, Antonin Artaud fundava o teatro de vanguarda propondo a "catarse do terror".

Pesquisas situam Moreno como um dos precursores dessas preocupações e experiências mundiais no campo teatral.

A proposta de Moreno despertou muito interesse, mas discutia-se a possibilidade de fazer um teatro realmente espontâneo. Público e crítica ficaram de olho. Quando se conseguia representação autêntica, correta do ponto de vista artístico, acusavam-no, e aos artistas, de ter ensaiado cuidadosamente. Quando havia fracasso, com dramatizações não convincentes, carentes de vitalidade, argumentavam que a proposta era inviável. Com esse tipo de crítica, veiculada nas colunas especializadas dos jornais, o movimento do público começou a diminuir, tornando a tarefa impossível do ponto de vista financeiro. Ao lado disso, os atores, que até então trabalhavam sob a direção de Moreno, começaram a abandoná-lo, trocando a experiência pelo teatro "normal", mais estável sob todos os aspectos. Moreno percebia quanto era difícil mudar a atitude fundamental da plateia e dos críticos, o que, se o conseguisse, equivaleria à verdadeira revolução cultural.

Diante das dificuldades, ele não se deu por vencido e criou o "jornal vivo", depois denominado "jornal dramatizado". Pretendia ser uma síntese do jornal diário e do teatro. Moreno via nas redações dos jornais afinidades com o teatro espontâneo, pois ali

LIÇÕES DE PSICODRAMA

chegavam de modo dinâmico os acontecimentos sociais e culturais em forma de notícias, sempre novas e variadas. Ele, então, usava a técnica do jornal vivo não como repetição ou recitação das notícias, mas sim como dramatização a partir da notícia. Desde logo ficou claro que aquele modo de trabalhar as "manchetes" dos jornais diários com o grupo participante era uma alternativa para a "crise" do teatro da espontaneidade. Sem o saber, naquele momento estavam lançadas as raízes do sociodrama.

Mas Moreno ainda não ficara satisfeito com o que estava fazendo. Dizia, então, que não via o significado mais profundo do carisma que procurava encontrar em suas propostas. Resolveu fazer teatro espontâneo com pacientes psiquiátricos. Nessa altura da vida, já se formara em Medicina e frequentara a clínica psiquiátrica do professor Otto Pötzl.

Os atores profissionais que haviam permanecido fiéis ao seu trabalho, transformou-os em "egos auxiliares". Passou a ter mais tolerância com os resultados do trabalho, pois as imperfeições e irregularidades eram mais bem acolhidas em "clima terapêutico". Por esse tempo o teatro era quase só catártico, mas aí se delineava o psicodrama como psicoterapia.

É durante esse trabalho do teatro espontâneo com pacientes, em 1923, que surge, por um acontecimento imprevisto, o caso Barbara-George, que caracterizou o início do teatro terapêutico.

Barbara era uma atriz que sempre participava do teatro da espontaneidade, famosa pelo seu desempenho de papéis doces, românticos e ingênuos. George era um jovem poeta e autor teatral, que se apaixonou por Barbara. Pouco tempo depois, os dois se casaram. Mais adiante, George procura Moreno dizendo que não é mais possível viver com Barbara, pois esta, em casa, é uma terrível megera, extremamente agressiva e violenta, que nada tem que ver com a doce e meiga Barbara do teatro. Nessa noite, Moreno pede a Barbara que faça papéis mais vulgares e dá a ela o papel de uma prostituta atacada e assassinada por um estranho. Barbara está perfeita no papel e sai feliz do teatro. Daí em diante, ela continua a desempenhar papéis desse tipo. George sempre dá informações a Moreno, dizendo que ela está diferente, mais calma; quando começa a enfurecer-se, ri e percebe que já havia representado isso no teatro e até comenta com o marido, que passa a perceber diferenças no comportamento dele mesmo e na sua compreensão de Barbara.

Alguns meses depois, os dois estão muito bem e realmente encontram um ao outro pela primeira vez. Moreno diz: "Analisei o desenvolvimento de seu psicodrama, sessão por sessão, e relatei-lhes a história de sua cura".

Assim, o teatro da espontaneidade transforma-se no teatro terapêutico e este no psicodrama terapêutico. Aí também, nesse episódio, está o embrião do psicodrama de casal e de família.

Em 1925, Moreno emigra para os Estados Unidos — por razões particulares, dizem alguns; por dificuldades para aceitarem suas ideias na Europa, dizem outros. Em 1927, faz a primeira apresentação do psicodrama fora da Europa, e a partir de 1929 apresenta-se no Carnegie Hall e no Civic Repertory Theatre, pois sua ligação com o teatro é marcante.

Em 1931, introduz o termo "psicoterapia de grupo", e esse é considerado o ano do início da psicoterapia de grupo científica, embora suas ideias e experiências já viessem de Viena. Publica a revista *Impromptu*, sobre psicoterapia de grupo, a primeira no gênero.

A partir de seus trabalhos numa escola de reeducação de jovens em Hudson, Nova York, volta a atenção para a investigação e mensuração das relações interpessoais, firmando-se, assim, os métodos da sociometria, que durante a Segunda Guerra Mundial são utilizados para a seleção de oficiais americanos.

Moreno considera o advento da psicoterapia de grupo, do psicodrama e da sociometria como a terceira revolução psiquiátrica — a primeira foi em 1793, na Revolução Francesa, com Philipe Pinel, que soltou as correntes dos alienados, tratando-os com humanidade; a segunda foi o surgimento da psicanálise de Sigmund Freud.

Em 1936, Moreno muda-se para Beacon, distante 90 quilômetros de Nova York, e lá constrói o primeiro Teatro de Psicodrama, doado por uma amiga e admiradora, madame Gertrude Franchot Tone, onde funcionou até 1982 um centro de formação de profissionais, além de abrigar sessões semanais de psicodrama público.

Inquestionavelmente criador da psicoterapia de grupo, Moreno, por seu passado religioso nunca renegado — pelo contrário, exaltado —, era tido com desconfiança pela chamada comunidade científica, que via nele um pregador messiânico nos grupos a que se propunha tratar uma busca de ingênua fraternidade.

A última etapa de sua vida foi marcada pelo diálogo com terapeutas de outras linhas, visando a esclarecer os fundamentos de sua proposta como pesquisador e psicoterapeuta.

Moreno morre em Beacon em 14 de maio de 1974, aos 85 anos de idade, e pede que na sua sepultura sejam gravadas as seguintes palavras:

"Aqui jaz aquele que abriu as portas da psiquiatria à alegria."

2. Localização histórico-cultural (quadro cronológico)

1889 — NASCE J. L. MORENO

- Henri Bergson (1859-1941) lança sua teoria do conhecimento, *Ensaio sobre os dados imediatos da consciência*, início de uma obra revolucionária que se expande com outras reflexões, sendo-lhe reconhecidos os dotes fenomenológicos.

1891 — MORENO COM 2 ANOS DE IDADE

- Edmund Husserl (1859-1938) desponta para a vida filosófica com a *Filosofia da aritmética*, prenunciando o abalo que o ambiente intelectual da Europa iria sofrer em suas convicções mecanicistas.
- O papa Leão XIII (1810-1903) publica a encíclica *Rerum Novarum*, sobre a posição da Igreja nas questões sociais.

1900 — MORENO COM 11 ANOS

- A própria física, ciência de causas e efeitos por excelência, é sacudida pela "incerteza quântica", com a demonstração de Max Planck de que na desintegração de uma substância radioativa não é possível determinar "quais" partículas sofrerão o processo, "como" e "por quê", recorrendo-se então ao critério das probabilidades. Não seria o fim das leis lógicas e causais, evidentemente, mas, sem dúvida, foi um golpe nas convicções do determinismo radical.
- Sigmund Freud (1856-1939) publica *Interpretação dos sonhos*, marcando o nascimento da psicanálise: "Método de investigação

dos processos anímicos, concepção de vida psíquica, terapia das doenças nervosas e tentativa de ser um esquema filosófico". Definindo um objeto de estudo — o inconsciente —, o método psicanalítico pretendeu superar as várias correntes do século 19 nesse campo e constituiu-se numa verdadeira revolução na psiquiatria, vindo até os nossos dias com área de influência cada vez maior.

- Husserl expõe, em *Investigações lógicas*, a nova maneira de fazer ciência e filosofia, com enfoque que repercutiria por todo esse século: o método fenomenológico.

1902 — MORENO COM 13 ANOS

- Émile Durkheim (1858-1917) começa a lecionar Sociologia e Educação na Sorbonne, constituindo equipe de trabalho considerada de alta categoria. Tido como um dos fundadores da sociologia moderna, estabeleceu o conceito de "solidariedade orgânica" no que chamava "consciência coletiva", na qual o "sistema de crenças e sentimentos" é compartilhado pelos participantes de um grupo social e define as relações existentes entre eles.
- George Herbert Mead (1863-1931), por essa época, marca a mudança da psicologia social, enfatizando o psicológico sobre o social.
- Charles H. Cooley (1869-1929) estabelece os critérios para a conceituação de "grupos primários", que seriam a unidade básica de todo sistema social. Publica *A natureza humana e a ordem social* e contesta a existência dos grupos primitivos, instintivos e antissociais. Teoriza sobre "papéis sociais".

1903 — MORENO COM 14 ANOS

- Ivan Pavlov (1849-1936) dá a conhecer seus estudos de psico-fisiologia e instala, assim, a escola reflexológica para conhecimento das atividades psíquicas do homem.

LIÇÕES DE PSICODRAMA

1904 — MORENO COM 15 ANOS

- John Dewey (1859-1952) assume o Departamento de Filosofia da Universidade Columbia. Filósofo, psicólogo, pedagogo, o seu conceito de escola é terapêutico. A escola permitiria "a reconstrução de experiências", sendo estas "produto da ação". Sua vasta produção bibliográfica se inicia em 1887 com *Psicologia* e se encerra em 1946 com *Problemas dos homens*.

1905 — MORENO COM 16 ANOS

- Albert Einstein (1879-1955) estabelece suas bases da teoria da relatividade, revolução na física que atingiu em cheio o mundo filosófico. Entre outros, os conceitos de espaço e tempo deixam de se definir por si, deixam de existir em uma realidade estática. Passam a ser encarados como modos de instituição da consciência, em função da relação dos objetos e da sucessão de acontecimentos que deles participam. A partir daí, o "intelectualismo racionalista" começaria a ser fustigado. Søren Kierkegaard, até então quase desconhecido, passa a ser debatido nas rodas intelectuais. Friedrich Nietzche, recém-falecido, é exumado para admirações e condenações apaixonadas. Wilhelm Dilthey, que viria a falecer em 1911, é redescoberto nos meios universitários.
- Max Reinhardt (1873-1943) marca seu primeiro grande êxito teatral. É o primeiro a quebrar a convenção entre palco e plateia: retira as cortinas da boca de cena e leva o teatro para dentro das igrejas e dos circos.
- Constantin Stanislavski (1863-1938) cria o estúdio experimental de teatro, onde desenvolve sua revolucionária pedagogia teatral, revalorizando o ator, propondo-lhe criar com base em seus sentimentos profundos, sem artificialidades. Falava em "subsolos misteriosos da alma", de onde o personagem deveria nascer. Pelo exemplo de seu próprio comportamento, propunha a criatividade através da espontaneidade.
- Charles Peirce (1839-1914) publica "O que é pragmatismo", e expõe a ideia de que os pensamentos e as crenças são apenas

regras para a ação e, por mais importantes que sejam, a ação prática resultante é que deve ser valorizada. Esse autor é considerado um dos precursores da atual semiótica, pela importância que atribuía à teoria dos significados.

- Joseph Hersey Pratt (1872-1956) descobre, num hospital para tuberculosos em Boston, as possibilidades terapêuticas de um grupo. Em um sistema de aulas, com 20 ou mais pacientes, ele dava uma palestra sobre o tema de higiene e tratamento da tuberculose e promovia os participantes mais interessados distinguindo-os nas primeiras filas. Esse primitivo método é dito de persuasão.

1906 — MORENO COM 17 ANOS

- Martin Buber (1878-1965), que já era doutor pela Universidade de Berlim, destacando-se como profundo estudioso da tradição hassídica (movimento judaico do século 18), inicia a publicação de uma série de 40 monografias sociopsicológicas sob o título geral "A sociedade". Nos seus estudos hassídicos, ele tomara consciência do homem existencial, do homem em relação, que culmina, em 1922, com sua mais importante obra, *Eu e tu*.

1907 — MORENO COM 18 ANOS

- Theodor Lipps (1851-1914) publica suas pesquisas sobre a empatia, a partir da experiência estética da obra de arte. Segundo sua teoria, aquele que observa tende a "sentir-se dentro" do contemplado, o que seria valiosa contribuição para o conhecimento intuitivo da realidade. Seu livro é um tratado de psicologia da cor, do som, da palavra, do belo, do feio, do sublime, do trágico, do prazer e do desprazer. Nele, empatia também é designada como "projeção sentimental": "O sentimento de beleza é o sentimento da atividade vital que eu vivo no objeto sensível, é o sentimento de afirmação de mim mesmo ou de afirmação da vida, objetivada". A empatia, para ele, seria o

Lições de psicodrama

processo psicológico de identificação anímica e espiritual com o outro, podendo ser positiva ou negativa. Dado o seu estudo original com objetos, cristalizou-se a ideia de que ela seria unilateral, com um só sentido, sendo assim ampliada em nossos dias. Moreno, um tempo depois, faz referências a essa formulação quando discute a função do ego auxiliar.

- Maria Montessori (1870-1952), psiquiatra italiana que se dedicou à pedagogia, projeta-se com a criação das Casas de Crianças em bairros pobres, utilizando método pedagógico de sua inspiração. São características do método a ampla liberdade de movimento dada às crianças, o estímulo à espontaneidade e à criatividade, a horizontalidade na relação professor-aluno e a autoeducação.

- O anarquismo, movimento operário internacional que se pretendia libertário e espontâneo, por meio de uma sociedade nova, sem chefes e sem governo, realiza em Amsterdã um dos seus congressos mais importantes.

1911 — MORENO COM 22 ANOS

- Moreno realiza a primeira sessão psicodramática, produzida no Kinderbühne (Teatro das Crianças) de Viena, encenando *Os feitos de Zaratustra,* em suas propostas experimentais de "um teatro perfeitamente real" (mas, como já mencionado, a data oficial do nascimento do psicodrama seria 1º de abril de 1921).

1912 — MORENO COM 23 ANOS

- Miguel de Unamuno (1864-1936) publica em Salamanca (Espanha) a obra-prima das estantes dos existencialistas católicos, *Do sentimento trágico da vida,* onde fala do "homem de carne e osso, o que nasce, sofre e morre — sobretudo morre —, o que come e bebe e joga e dorme e pensa e quer, o homem que se vê e a quem se ouve, o irmão, o verdadeiro irmão". É o homem existencial, concreto, aqui definido.

CAMILA SALLES GONÇALVES, JOSÉ ROBERTO WOLFF
e WILSON CASTELLO DE ALMEIDA

1913 — MORENO COM 24 ANOS

- Max Scheler (1874-1928) publica estudo fenomenológico sobre a simpatia, entendida como participação, compartilhamento, percepção do outro — um compartilhar que não deve ser confundido com o sentimentalismo piegas, mas entendido no melhor sentido da solidariedade humana, que muitas vezes é silenciosa e pesada, porque reflexiva e sofrida. Descreve o que chamou de "participação afetiva", forma de objetivação empática observada em todos os animais de vida gregária, a qual se expressa no homem pelas identificações ocorridas nos clãs, nos grupos, nas famílias. E, ainda num apêndice, debate a ética material dos valores, propondo uma nova ética. Aplicando a ideia husserliana da intencionalidade do conhecimento aos sentimentos, Scheler, de certa forma, preparou o acasalamento da fenomenologia com as filosofias da existência, conforme ensina Jean Wahl. Mais adiante, Moreno citaria Scheler ao debater empatia e tele em seu livro *Quem sobreviverá? — Fundamentos da sociometria, da psicoterapia de grupo e do psicodrama.*
- Karl Jaspers (1883-1969) publica *Psicopatologia geral,* monumental obra da psiquiatria universal. Nesse livro, o autor dá um toque pessoal ao seu trabalho de fenomenologista: afirma ele que ao psiquiatra fenomenólogo não basta registrar os dados objetivos e subjetivos obtidos por entrevista e observação, mas é necessário colocar-se diretamente no "jogo da relação", com sua capacidade empática, por intuição ou experiência, para "compreender" os estados da alma tal como os doentes os experimentam.
- John Broadus Watson (1878-1958) funda oficialmente o behaviorismo, que se caracteriza por ser contrário a toda a psicologia da consciência e dos processos mentais, e por ser uma psicologia materialista, mecanicista, determinista e objetiva. Seu objeto é o comportamento animal ou humano que possa ser observado, medido, comparado, avaliado, treinado, previsto e controlado.

LIÇÕES DE PSICODRAMA

- Carl Gustav Jung (1875-1961) rompe com Freud e passa a solidificar as concepções próprias que tem sobre o psiquismo humano, ligando-o às representações de um inconsciente coletivo.
- Por esse tempo, Moreno faz o curso de Medicina.

1914 — MORENO COM 25 ANOS

- Os valores da civilização ocidental são rudemente atingidos pela Primeira Guerra Mundial, "que pretendia acabar com todas as guerras". E a crença na superioridade das ciências como solução dos problemas humanos se esboroa, envolta no pessimismo e na desesperança. Perante aquela situação, são apontados o psicologismo, o sociologismo e o biologismo das respectivas ciências; a amargura e a decepção acrescentavam-lhe o sufixo "ismo", com tom pejorativo, para caracterizá-las em suas pseudoverdades. Diante do morticínio cruel e a descrença avassaladora, o pensamento da época reage e volta-se à busca de um sentido transcendental para o destino do homem; procura-se reavivar a fé. Moreno escreveria, a propósito: "Quando vi reduzida a cinzas a soberba casa do homem, em que ele havia trabalhado perto de dez mil anos para conferir-lhe a solidez e o esplendor da civilização ocidental, o único resíduo carregado de promessas que descobri entre as cinzas foi o 'espontâneo-criador'".

Note-se que, entre 1910 e 1914, Moreno teve participações que, muito mais do que trabalhos psicoterápicos conscientes e sistematizados, traduziam a disponibilidade própria dos jovens: ele faz a revolução nos jardins de Viena, reunindo grupos de crianças para improvisar representações espontâneas e criativas; em 1913-14, organiza um programa de readaptação das prostitutas vienenses e publica o poema "Convite ao encontro". De 1915 a 1917, atende os refugiados tiroleses no campo de Mittendorf, nos arredores de Viena.

1916 — MORENO COM 27 ANOS

- Pierre Teilhard de Chardin (1881-1955), padre, paleontólogo e filósofo, dedica-se ao ensaio "A vida cósmica", no qual defende a ideia de uma força evolucionária cósmica dirigida.

1917 — MORENO COM 28 ANOS

- Eclode na Rússia a Revolução Bolchevique, marca de sérias transformações estruturais em todo o mundo. Do ponto de vista filosófico, é a vitória do marxismo enquanto doutrina humanista que busca a libertação do homem de todas as suas alienações para colocá-lo no caminho da expansão e da realização, permitindo-lhe comunicar-se com os outros de forma autêntica. Então, no dizer de Marx, cada um trocará amor por amor, confiança por confiança. Mais tarde, ao propor os fundamentos da sociometria, Moreno teria oportunidade de fazer a crítica de Marx e considerá-lo o precursor da sociometria industrial.
- Luigi Pirandello (1867-1936) alcança o seu primeiro sucesso teatral com *Assim é (se lhe parece)*. Esse dramaturgo italiano propunha um teatro psicológico, de motivações pessoais e subjetivas, mostrando o relativismo da verdade e a dificuldade de conhecer as pessoas, pelo que disseca suas personagens de modo a apreendê-las além do comportamento objetivo. No decorrer de sua obra, preocupou-se com a influência que as características psicológicas do personagem poderiam ter sobre o ator e, de certa forma, desenvolveu uma ideia sobre o papel dramático ou o papel do ator, o que despertou o interesse dos estudiosos dos conceitos de "papel".
- Moreno forma-se em Medicina. Edita a revista *Daimon*, em que, entre outros colaboradores, encontram-se Buber, Kafka e Scheler, figuras conhecidas pela contribuição à filosofia da existência.

1919 — MORENO COM 30 ANOS

- Jaspers publica *A psicologia da cosmovisão*, postulando a tese de que em toda a ciência há uma base ontológica implícita que

LIÇÕES DE PSICODRAMA

permite uma concepção prévia do ser humano, do mundo, da vida e do universo, o que a obrigaria à tomada de posição filosófica fundamental frente àqueles conceitos e realidade.

- Moreno é redator da revista *Daimon*.

1920 — MORENO COM 31 ANOS

- Publica anonimamente *Das Testament des Vaters*.

1921 — MORENO COM 32 ANOS

- Moreno faz a primeira dramatização pública em Viena, em 1º de abril. Tempos depois, ele próprio consideraria essa data um marco da fundação do teatro da espontaneidade e da criação do psicodrama.
- Edward W. Lazell (1878-1960) apresenta o método didático no tratamento grupal de psicóticos, constituído por "conferências, leitura, discussão de livros e artigos de revistas, bem como o relato de casos clínicos reais ou imaginários".

1923 — MORENO COM 34 ANOS

- Moreno descobre o teatro terapêutico a partir do Teatro da Espontaneidade, com o caso Barbara-George. Publica *Das Testament des Vaters,* agora com a responsabilidade de seu nome.

1924 — MORENO COM 35 ANOS

- Hans Vaihinger (1852-1933) publica a primeira edição inglesa do resultado de trabalhos que iniciara em 1876, o qual teria sido publicado em alemão no ano de 1905. O título é *The philosophy of as if* [*A filosofia do como se*]. Nesse livro, o autor denomina "como se" um mundo irreal e irracional e identifica sua presença na filosofia, na ciência e na vida, dando-lhe valor e significado tão intensos e verdadeiros quanto os do assim chamado mundo real. Vaihinger afirma que no jogo do "como se" há uma força dirigente da intuição e das atividades estéticas. Propõe o seu estudo esmiuçadamente para aproveitá-lo nas várias atividades humanas, entre elas os processos criativos.

- Surge o *Manifesto surrealista*, de André Breton (1896-1966), propondo novos mitos, combatendo o racionalismo e propondo reformular os valores éticos e estéticos da cultura ocidental.

1925 — MORENO COM 36 ANOS

- Emigra para os Estados Unidos da América.

1927 — MORENO COM 38 ANOS

- Martin Heidegger (1889-1976) publica *Ser e tempo*, sua ontologia fundamental de tão grande importância para o pensamento fenomenológico existencial.
- Gabriel Marcel (1889-1973) estuda as relações do indivíduo com seu corpo e propõe que o corpo é o ponto primordial de onde confluem e onde se condicionam todas as experiências, afirmando enfaticamente: "Eu sou meu corpo. Meu corpo é, neste sentido, ao mesmo tempo o existente padrão e, mais profundamente ainda, o ponto de referência dos demais existentes".
- Antonin Artaud (1896-1948) funda um teatro de vanguarda que pretende ser revolucionário, ressuscitando na plateia a "catarse do terror". Contesta o uso da palavra no espetáculo, pois pretende uma representação do tipo oriental, ritualística, mística, religiosa, expressão do inconsciente coletivo.
- J. B. Rhine (1895-1980) instala a pesquisa sistemática de fenômenos parapsicológicos na Universidade Duke (EUA).

1928 — MORENO COM 39 ANOS

- Alexander Fleming (1881-1955) descobre a penicilina; o mundo entra na era dos antibióticos.
- Wilhelm Reich (1897-1957) funda em Viena a Sociedade Socialista de Aconselhamento e Pesquisa Sexual.

LIÇÕES DE PSICODRAMA

- Moreno faz sua primeira experiência psicodramática nos Estados Unidos.

1929 — MORENO COM 40 ANOS

- Os Estados Unidos enfrentam a maior depressão econômica de sua história, com a quebra da Bolsa de Nova York.
- Inicia-se uma crise econômica mundial.
- Moreno faz psicodramas públicos no Carnegie Hall.

1930 — MORENO COM 41 ANOS

- Maurice Merleau-Ponty (1908-1961) inicia a carreira de filósofo, construída sobre as ideias de Descartes, Malenbranche, Hegel, Husserl, Bergson, Heidegger e Sartre.
- O psicodrama é introduzido no Brasil, com uso de técnicas parciais, pela psicóloga e pedagoga russa Helena Antipoff (1892-1974), em Belo Horizonte, Minas Gerais.
- Paul Schilder (1886-1940), psiquiatra austríaco, passa a adotar o método psicanalítico para grupos.
- Breton publica o *Segundo manifesto surrealista*.

1931 — MORENO COM 42 ANOS

- Ludwig Binswanger (1881-1966), com base nas concepções de Heidegger e Freud, inicia a publicação de seus estudos que resultarão na "análise existencial", entendida como análise para a existência, e não análise da existência; análise do ótico, e não análise do ontológico.
- Moreno dirige a revista *Impromptu*.
- Em 5 de junho, Moreno expõe suas ideias sobre psicoterapia de grupo na Associação Americana de Psiquiatria.

1932 — MORENO COM 43 ANOS

- Apresenta suas ideias em Filadélfia.
- Lança as bases da sociometria a partir de estudos feitos com jovens delinquentes da Escola da Comunidade de Hudson.

CAMILA SALLES GONÇALVES, JOSÉ ROBERTO WOLFF
E WILSON CASTELLO DE ALMEIDA

- Jacques Lacan (1901-1981) desponta para a vida cultural com a tese de psiquiatria *Da psicose paranoica em suas relações com a personalidade.*

1936 — MORENO COM 47 ANOS

- Jean-Paul Sartre (1905-1980) publica *A imaginação* e *A transcendência do ego — Esboço de uma descrição fenomenológica,* iniciando a caminhada que resultará em *O ser e o nada,* sua consagração como filósofo da existência.
- Inicia-se a Guerra Civil Espanhola.
- Moreno constrói em Beacon, no estado de Nova York, o primeiro teatro terapêutico.
- Em Marienbad (na atual República Tcheca), Lacan lança sua contribuição original à psiquiatria e à psicanálise.

1937 — MORENO COM 48 ANOS

- Karen Horney (1885-1952) publica *A personalidade neurótica do nosso tempo,* dando início a uma série de publicações sobre a confluência dos elementos socioculturais no desenvolvimento da personalidade, no que seria seguida por outros, como Erich Fromm e Harry Sullivan.
- Moreno funda a revista *Sociometry* e incorpora-se às universidades Columbia e de Nova York.

1938 — MORENO COM 49 ANOS

- Ugo Cerletti (1877-1963) e Lucio Bini (1908-1964) desenvolvem a "eletroconvulsoterapia" (ECT), indicada seletivamente para depressões anancásticas, estados catatônicos e quadros psicorreacionais graves. Desconhecemos se Moreno fez uso desse método em sua clínica psiquiátrica.

1939 — MORENO COM 50 ANOS

- Inicia-se a Segunda Guerra Mundial.
- Morre Freud, aos 84 anos.

LIÇÕES DE PSICODRAMA

1941 — MORENO COM 52 ANOS
- Zerka Toeman começa a trabalhar como ego auxiliar no Instituto Beacon, no estado de Nova York.

1942 — MORENO COM 53 ANOS
- Funda a Associação Americana de Psicoterapia de Grupo e Psicodrama e o Instituto Moreno, em Nova York.

1945 — MORENO COM 56 ANOS
- Kurt Lewin (1890-1947), professor da Universidade Harvard, funda um centro de pesquisa em psicologia social e cria o termo "dinâmica dos grupos".

1949 — MORENO COM 60 ANOS
- O sociólogo Guerreiro Ramos (1915-1982) entra em contato com Moreno e dirige, no Rio de Janeiro, talvez o primeiro seminário sobre psicodrama feito no Brasil.
- Moreno separa-se de Florence Bridge, sua primeira esposa (com quem teve uma filha), para se casar com Zerka Toeman.

1950 — MORENO COM 61 ANOS
- Os psicofármacos (a partir da clorpromazina) passam a ser amplamente usados no tratamento de doenças mentais e emocionais. Desconhecemos se Moreno fez uso desses medicamentos em sua clínica.

1951 — MORENO COM 62 ANOS
- Funda a sessão de psicoterapia de grupo na Associação Americana de Psiquiatria.

1952 — MORENO COM 63 ANOS
- Nasce Jonathan, filho de Zerka e J. L. Moreno.

1964 — MORENO COM 75 ANOS

- Realiza-se em Paris o I Congresso Internacional de Psicodrama e Sociodrama, reunindo, pela primeira vez, psicodramatistas de todo o mundo sob a liderança de J. L. Moreno.

1966 — MORENO COM 77 ANOS

- Realiza-se o II Congresso Internacional de Psicodrama e Sociodrama, em Barcelona, na Espanha.

1968 — MORENO COM 79 ANOS

- Na localidade de Baden, perto de Viena, realiza-se o III Congresso Internacional de Psicodrama e Sociodrama, que conta com vários participantes latino-americanos.

1969 — MORENO COM 80 ANOS

- Realiza-se em Buenos Aires o IV Congresso Internacional de Psicodrama e Sociodrama, ao qual comparecem Zerka e J. L. Moreno, que lê com desenvoltura um discurso em língua espanhola.

1970 — MORENO COM 81 ANOS

- No então recente Museu de Arte de São Paulo (Masp), realiza-se o V Congresso Internacional de Psicodrama e Sociodrama, ao qual Zerka e J. L. Moreno não comparecem.

1974

- Em 14 de maio, morre J. L. Moreno, aos 85 anos de idade.

3. Quatro momentos criativos

RELIGIOSO E FILOSÓFICO (ATÉ 1920)

Tema predominante: filosofias da existência.

Criação: "seinismo".

Influência recebida: hassidismo (movimento religioso judaico do século 18) e ideias filosóficas de Kierkegaard e Bergson.

Atividades
- Teatro das Crianças (1911).
- Encenações de histórias infantis nos jardins de Viena (1910-1914).
- Trabalho com prostitutas (1913-1914).
- Assistência a refugiados de guerra (1915-1917).

Publicações
- Poema "Convite ao encontro" (1914), que faz a definição literária de "encontro".
- Revista *Daimon* (1917-1919).
- Livro *Das Testament des Vaters* (1920).

O que se pode observar das atividades e ideias de Moreno nesse período são a fé e a crença religiosa, a perplexidade e a dor diante da Primeira Guerra Mundial, a necessidade pessoal de relações fraternais, a simplicidade, o despojamento e a busca de uma relação harmoniosa com Deus. Já falava em espontaneidade e criatividade como elementos de superação da doença.

TEATRAL E TERAPÊUTICO (1921-1924)

Tema predominante: teatro.

Criação: psicodrama (1º de abril de 1921).

Atividades
- Experiências teatrais.
- Teatro da Espontaneidade (1921).
- Observação do caso Barbara-George (1923).
- Teatro terapêutico (1923).

Publicação
- Livro *O teatro da espontaneidade* (1923).

Nesse período, já com experiências acumuladas, Moreno funda o Teatro da Espontaneidade com a intenção de romper a "conserva cultural" do teatro da época. Ele conhecia o poder de catarse do teatro, mas discordava do uso de textos decorados e ensaiados. Desejava que as catarses aristotélica e de ab-reação fossem substituídas por uma forma de expressão em que o ator, naquele momento de ação, se tornaria o próprio autor e criador de sua história, para transformá-la.

SOCIOLÓGICO E GRUPAL (1925-1941)

Emigração para os Estados Unidos (1925).

Tema predominante: preocupação com o social e com a dinâmica dos grupos.

Criações

- Psicoterapia de grupo (1931).
- Sociometria (1932).

Atividades

- Trabalha com jovens infratores na Comunidade de Hudson (1932).
- Constrói em Beacon um teatro terapêutico (1936).
- Liga-se às universidades Columbia e de Nova York.

Publicações

- Dirige a revista *Impromptu* (1931).
- Funda a revista *Sociometry* (1937).
- Publica o livro *Who shall survive? — A new approach to the problem of human interrelations* (1934), traduzido para o português como *Quem sobreviverá? — Fundamentos da sociometria, da psicoterapia de grupo e do sociodrama* (2008).

Moreno vinha de uma Europa impregnada da fenomenologia, do pensamento existencialista; vinha de uma cultura decepcionada com a guerra, questionando os valores e duvidando da superioridade das ciências para a solução dos problemas humanos. Ele próprio escrevera, diante do morticínio da guerra, que o único resíduo carregado de promessa estaria no "ser espontâneo-criador".

Despertava-se o interesse pelo pensamento oriental, em particular pelo taoísmo, em seus aspectos dialéticos, propondo a inter-relação como fenômeno profundo de experiência humana e vivência existencial.

Moreno chega a um país absorvido nas ideias do behaviorismo e de um indigesto pragmatismo, que se envolveu na necessidade de medir — naquele momento, a tendência predominante no estudo das relações humanas, expressas em dados estatísticos, métodos métricos e operacionais. Era o *Homo metrum*. Houve, sem dúvida, um "choque cultural" que resultou num ato criador: a sociometria dos grupos.

ORGANIZAÇÃO E CONSOLIDAÇÃO (1942-1974)

Tema predominante: articulação e estruturação das ideias de Moreno em um método de psicoterapia válido e aceito pela comunidade científica.

Criação: socionomia

Atividades
- Fundação do Instituto Moreno (1942).
- Fundação da Associação Americana de Psicoterapia de Grupo e Psicodrama (1942).
- Criação do Departamento de Psicoterapia de Grupo na Associação Americana de Psiquiatria (1951).

Publicações
- *Psicodrama* (edição original, 1946).
- *Psicoterapia de grupo e psicodrama* (edição original, 1959).
- *Fundamentos do psicodrama* (edição original, 1959).

Essa última fase de Moreno caracteriza-se pelo afunilamento progressivo de seus interesses em direção ao trabalho psicoterápico. Passa a preocupar-se também com a formação de um corpo de doutrina, o que faz dentro do título geral de socionomia.

Nesse período, é importante o livro publicado em 1959 sob o título *Psychodrama — Second volume, Foundations of psychotherapy* (em português, *Fundamentos do psicodrama*), no qual ele expõe um plano de debates original. Moreno abre cada uma das seis conferências apresentadas no livro com a visão que tem sobre o tema tratado; seu ponto de vista é comentado por uma autoridade no assunto e, em seguida, ele faz a tréplica.

Nesses debates, surge a oportunidade de Moreno conciliar-se nas suas críticas à psicanálise, bem como validar entre si o método fenomenológico-existencial e o psicodrama.

4. Teoria socionômica

PARA MORENO, O INDIVÍDUO é concebido e estudado em suas relações interpessoais. Logo ao nascer, a criança é inserida num conjunto de relações, constituído, em primeiro lugar, pela mãe (que é o primeiro ego auxiliar), pelo pai, pelos irmãos, avós, tios etc. Moreno chamou esse conjunto de matriz de identidade. No início de seu desenvolvimento na matriz, quando não há distinção entre ela e a mãe, a criança vivencia a sociedade por meio da mãe, iniciando seu processo de socialização e integração na cultura.

O homem moreniano é um indivíduo social, porque nasce em sociedade e necessita dos outros para sobreviver, tornando-se apto para a convivência com os demais.

Toda a teoria moreniana parte dessa ideia do homem em relação e, portanto, a inter-relação entre as pessoas constitui seu eixo fundamental. Para investigá-la, Moreno criou a socionomia, cujo nome vem do latim *socius* (companheiro, grupo) e do grego *nomos* (regra, lei), ocupando-se desse modo do estudo das leis que regem o comportamento social e grupal.

SOCIODINÂMICA

Estuda o funcionamento (ou a dinâmica) das relações inter-pessoais. Tem por método de estudo o *role-playing*, ou jogo de papéis, que permite ao indivíduo atuar dramaticamente em diversos papéis. Esse método é muito utilizado no treinamento para a incumbência profissional — como a de médico, professor, psicólogo, terapeuta etc. — ou mesmo para a função de mãe ou pai. O *role-playing* pode auxiliar o desenvolvimento de qualquer novo papel, possibilitando uma atuação mais espontânea e criativa, sem medo nem ansiedade.

SOCIOMETRIA

Tem por objetivo medir as relações entre as pessoas e seu método é o teste sociométrico, cuja aplicação criteriosa possibilita quantificar as relações estudadas. O teste sempre deve ser aplicado de forma integral para que possa ser elaborado adequadamente pelos elementos do grupo.

As etapas da aplicação do teste sociométrico são:

1. O critério é escolhido consensualmente pelos elementos do grupo.
2. Cada um faz escolhas *positivas, negativas e indiferentes*, seguidas do porquê de cada escolha. Todos os integrantes do grupo devem ser escolhidos.
3. Cada integrante faz o chamado "perceptual", que consiste em dizer quais são os sentimentos e as expectativas de cada um dos elementos do grupo em relação a ele mesmo e por quê.
4. As escolhas são lidas em conjunto no grupo e monta-se o sociograma, que é a síntese gráfica das congruências e incongruências na escolha dos indivíduos.

Com as escolhas evidenciadas, serão necessários alguns confrontos e clarificações entre os participantes; deve haver no grupo espaço e tempo suficientes para tanto, dando oportunidade para a elaboração individual e grupal.

Quando não for possível a aplicação integral do teste e de sua consequente elaboração, sugerimos que se utilize algum exemplo aplicado em outro grupo, mas nunca que se faça uma aplicação parcial ou incompleta, o que poderia evidenciar apenas alguns aspectos dinâmicos, gerando crises grupais e dificuldades graves para certos elementos do grupo.

SOCIATRIA

Constitui a terapêutica das relações sociais. Seus métodos são a psicoterapia de grupo, o psicodrama e o sociodrama. Moreno vislumbrava que, com a aplicação desses três métodos, fosse possível o tratamento e possivelmente a cura do social mais amplo, o que levou a denominar a sociatria como a utopia moreniana.

O psicodrama é o tratamento do indivíduo e do grupo por intermédio da ação dramática. No psicodrama de grupo, o protagonista pode ser um indivíduo ou o próprio grupo.

A psicoterapia de grupo, criada por Moreno em sua fase americana, prioriza o tratamento das relações interpessoais presentes na dinâmica grupal.

O sociodrama é um tipo especial de terapia em que o protagonista é sempre o grupo e as pessoas reúnem-se enquanto mantêm alguma tarefa ou objetivo comum, por exemplo, estudar, trabalhar, viver juntas etc.

Apesar dessa divisão clássica, na prática o trabalho do psicodramatista é referido, de modo genérico, como consagrado pelo uso: psicodrama.

5. A visão moreniana do ser humano

O SER HUMANO COMO AGENTE ESPONTÂNEO

Na visão moreniana, os recursos inatos do ser humano são a espontaneidade, a criatividade e a sensibilidade. Desde o início, ele traz consigo fatores favoráveis ao seu desenvolvimento, que não vêm acompanhados de tendências destrutivas. Entretanto, essas situações, que favorecem a vida e a criação, podem ser perturbadas por ambientes ou sistemas sociais constrangedores. Nesse caso, resta a possibilidade de recuperação dos fatores vitais, pela renovação das relações afetivas e da ação transformadora sobre o meio.

O NASCIMENTO E O FATOR E

Moreno não admitia que a própria experiência de nascer pudesse consistir em um evento angustiante e *traumático* (situação em que o indivíduo fica impedido de responder de forma adequada). Para ele, o nascimento não se reduzia à perda do conforto e da quase inatividade da vida intrauterina nem à passagem, através do estreito *(angustus)* canal materno, para o desconfortável excesso de estímulos do mundo extrauterino. Pelo contrário, ele concebia o rebento humano como agente participante, desde sua primeira entrada na cena da vida social.

A formação em Medicina e o contato com teorias psicológicas e filosóficas permitiram-lhe pressupor que o nascituro participasse do parto ativamente, em maior ou menor grau. À capacidade de responder adequadamente à situação, utilizada pela primeira vez no nascimento, ele deu o nome de *espontaneidade* ou *fator E* (no original, fator *S*, do latim *sponte* = vontade).

Apresentar a espontaneidade como fator foi um modo irônico de defrontar as *teorias fatoriais* da psicologia, que concebiam a *personalidade* como resultante de diversos fatores, os quais se procurava detectar e medir.

A REVOLUÇÃO CRIADORA

O ser humano nasce espontâneo e deixa de sê-lo devido a fatores adversos do meio ambiente. Os obstáculos ao desenvolvimento da espontaneidade encontram-se tanto no ambiente afetivo--emocional que o grupo humano mais próximo estabelece com a criança (matriz de identidade e átomo social) quanto no sistema social em que a família se insere (rede sociométrica e social).

A *revolução criadora* moreniana é a proposta de recuperação da espontaneidade e da criatividade pelo rompimento com padrões de comportamento estereotipados, com valores e formas de participação na vida social que acarretam a automatização do ser humano (*conservas culturais*).

ESPONTANEIDADE E CRIATIVIDADE

Para que tenhamos o prazer de nos sentirmos vivos, é preciso que nos reconheçamos como agentes do nosso destino. Quando somos reduzidos à condição de peças de engrenagem, nas quais somos colocados sem o reconhecimento de nossa vontade, impedidos de iniciativa pessoal, estamos privados de nossa espontaneidade. Há alienação do fator E.

A *espontaneidade* é a capacidade de agir de modo "adequado" diante de situações novas, criando uma resposta inédita ou *renovadora* ou, ainda, *transformadora* de situações preestabelecidas.

Quando a concepção moreniana associa o fator E à "adequação" (ajustamento, adaptação), parece reunir termos contraditórios: se, por um lado, valoriza a iniciativa e o "toque" pessoal, por outro, propõe o ajustamento, que só aparenta ser possível com a manutenção do que já está pronto (exemplos: grupos sociais, instituições como escola, emprego etc.). Mas é preciso compreender o espírito dos escritos de Moreno: sua proposta primordial é a da adequação e do ajustamento do ser humano a si mesmo. Nesse sentido, ser espontâneo significa estar presente às situações, configuradas pelas relações afetivas e sociais, procurando transformar seus aspectos insatisfatórios.

Dificilmente alguém pode promover mudanças no ambiente se age sozinho. Sempre pensamos e agimos em função de relações *afetivas* (relações cuja experiência tem ressonância emocional), mesmo que não o façamos conscientemente. Ainda que afastado do convívio de fato com outras pessoas, o ser humano age em função da imagem que tem de si mesmo, de seus semelhantes e de suas relações com eles.

Quando recupera sua liberdade ou luta por ela, o ser humano reafirma sua essência, o que é próprio de sua natureza, ou seja, a espontaneidade.

A possibilidade de modificar determinada situação ou de estabelecer uma nova situação implica *criar*: produzir, tendo base em algo que já é dado, alguma coisa nova. A *criatividade* é indissociável da espontaneidade. A espontaneidade é um fator que permite ao potencial criativo atualizar-se e manifestar-se.

CRIATIVIDADE *VERSUS* CONSERVA CULTURAL

Todo resultado de um processo de criação ou de um ato criador pode cristalizar-se como *conserva cultural*. Conservas culturais são objetos materiais (inclusive obras de arte), comportamentos, usos e costumes que se mantêm idênticos em certa *cultura*.

Se o ser humano se detivesse no excessivo respeito àquilo que sua criatividade já produziu, apenas *conservando* e cultuando o que está pronto, ele perderia a espontaneidade.

Para que a criatividade se manifeste, é necessário, segundo Moreno, que as conservas culturais constituam somente o ponto de partida e a base da ação, sob pena de se transformarem em seus obstáculos.

O FATOR TELE

Quando passa a compreender que objetos materiais e seres humanos são separados dela, a criança começa a ter uma capacidade de percepção que não se reduz à captação feita pelos órgãos dos sentidos. Aos poucos, com o desenvolvimento de um fator inato, que Moreno chamou de *tele,* ela vai distinguindo objetos e pessoas, sem distorcer seus aspectos essenciais.

Por volta dos 6 meses de idade, a criança é capaz de reconhecer um sorriso (*Gestalt-signal*) em um rosto humano que esteja de frente para ela. Mostra seu reconhecimento ao sorrir também, *correspondendo.* Segundo observações experimentais (René Spitz), tal resposta ocorre também diante do rosto de um boneco que simule a situação descrita. A criança demonstra capacidade de percepção *objetiva*, na medida em que a forma discriminada, o sorriso, é observável também por terceiros, isto é, ocorre de fato. Por outro lado, o bebê sorridente já se comunica com outro ser humano presente, respondendo de forma adequada ao que percebe. O fator tele (ou fator T) assemelha-se a essa percepção e a seu poder de desencadear respostas, mas não pode ser confundido com a percepção predominantemente visual.

Moreno definiu tele como a capacidade de perceber, de forma objetiva, o que ocorre nas situações e o que se passa entre as pessoas.

Toda ação pressupõe relação, factual ou simbólica, entendendo-se por simbólica a relação com pessoas reais ou imaginárias cuja presença é representada. Toda relação pressupõe formas de comunicação. O fator tele influi decisivamente sobre a comunicação, pois só nos comunicamos de acordo com aquilo que somos capazes de perceber.

TELE E EMPATIA

Tele, para Moreno, é também "percepção interna mútua entre dois indivíduos". Apesar da semelhança da tele com o fenômeno da *empatia,* há distinções importantes.

Empatia é captação, pela sensibilidade, dos sentimentos e das emoções de alguém ou contidas, de alguma forma, em um objeto (por exemplo, uma obra de arte). É a tendência que o sujeito sente em si mesmo de "adentrar" o sentimento com o qual toma contato. A palavra vem do grego *en* (dentro) e *pathos* (sentimento). No *Dicionário Aurélio,* encontramos uma definição que provavelmente agradaria a Moreno, pois lembra claramente a associação com a espontaneidade e com a capacidade de *inverter papéis:* "Tendência para sentir o que se sentiria caso se estivesse na situação e nas circunstâncias experimentadas pela outra pessoa".

Moreno escreveu certa vez que "o fenômeno tele é a empatia ocorrendo em duas direções". Em alemão, chamou o fator tele de *Zweifühlung,* fazendo um trocadilho para salientar o caráter bipessoal ou mútuo do fenômeno possibilitado pela presença do fator. Com efeito, *einfühlen* quer dizer "compreender, penetrar"; *sich in einfühlen,* "saber ver com os olhos de alguém" e, ainda, *Einfühlungsvermögen,* "intuição" (ao pé da letra, "poder de compreender"). *Ein* e *zwei* são os numerais "um" e "dois".

Sintetizando, o fator tele, inato, em condições favoráveis a seu desenvolvimento, permite a experiência subjetiva profunda entre pessoas e pode ser observado por um terceiro (é objetivo). Esse fator supera o afastamento entre sujeitos que se relacionam. *Tele* significa "a distância", como no radical grego de *televisão* e de *telepatia*.

TELE E TRANSFERÊNCIA

Apesar de a percepção télica poder ser experienciada pela maior parte das pessoas, não é fácil nem possível que esse fenômeno predomine em todos os momentos de um relacionamento. Na percepção e na comunicação, há frequentes distorções e equívocos. Experiências anteriores marcantes influem para que tendamos a viver uma situação nova como se esta fosse idêntica ou semelhante à situação vivida no passado.

Moreno não estava interessado em analisar o mecanismo da *transferência,* nem sua relação com outros, nem tomá-lo como instrumento, tal qual propunha Freud. Na verdade, Moreno reduziu o conceito ao sentido de fenômeno oposto ao fenômeno tele. Para ele, a transferência equivalia ao embotamento ou à ausência do fator tele. Pensava que o caminho do psicodrama fosse antes o de reavivar espontaneidade e tele, que, recuperadas, seriam fatores de saúde mental e criatividade, superando o apego desfavorável a situações do passado.

A presença da transferência, enquanto *patologia do fator tele* (nesse caso, inibido ou enfraquecido), frequentemente é a causa de equívocos e até sofrimento nas relações interpessoais. Por exemplo, *A* pode ter uma percepção de *B* que corresponde à realidade. Nesse caso, *A* utiliza sua *telessensibilidade.* Por sua vez, *B* pode estar incapacitado para a *relação télica* (relação em que há percepção mútua e profunda), por fazer transferências massivas sobre *A*. Nesse tipo de relacionamento, não há *encontro* possível.

LIÇÕES DE PSICODRAMA

A MEDIDA DO FATOR TELE

Uma parte do teste sociométrico, o "perceptual", criado por Moreno, verifica a capacidade de cada elemento de um grupo de captar os sentimentos e as expectativas dos outros em relação a si mesmo. Por exemplo, João deve escrever qual elemento do grupo ele supõe que o escolherá em primeiro lugar para determinada atividade ou situação e por quê. Se ele julga que será escolhido em primeiro lugar por Joaquim, que, de fato, o escolhe por último, há um indício claro de que o fator tele não está presente; por um motivo ou outro, é distorcida a percepção que João tem de Joaquim. Trata-se de uma situação observável, registrável, mas não mensurável. Já a quantidade de *escolhas mútuas* permite uma contagem, uma proporção referente ao grupo testado e uma representação gráfica: o *sociograma*. Esse gráfico, resultante de todo o teste, permite contar e situar as "mutualidades" e as escolhas "télicas" no grupo.

Não nos estenderemos sobre o teste, o que exigiria um aprofundamento de questões técnicas que ultrapassam nosso objetivo nesta introdução ao pensamento de Moreno. No entanto, é importante deixar claro que o fato de alguém estar incapacitado para fazer escolhas "télicas" em determinado grupo não significa, por si só, que essa pessoa seja menos saudável ou menos sensível que as demais. É apenas um sinal de que nesse grupo, nesse momento, a percepção objetiva está perturbada por fatores que talvez convenha pesquisar. Para dar outro exemplo do próprio Moreno, às vezes o grupo está aquém da condição cultural de um indivíduo, que não consegue nele se situar.

TELE E ENCONTRO

A trajetória de Moreno para a conceituação do *encontro* vem de uma fase religiosa e passa por uma fase literária, chegando à expressão técnica da inversão de papéis e à sua contrapartida científica, representada pela pesquisa sobre o fator tele.

Um dos objetivos do psicodrama, do sociodrama e da psicoterapia de grupo é descobrir, aprimorar e utilizar meios que facilitem o predomínio de relações télicas sobre relações transferenciais, no sentido moreniano. Como já foi dito, à medida que as distorções diminuem e a comunicação flui, criam-se condições para a recuperação da criatividade e da espontaneidade.

Pessoas capazes de relações télicas estão em condições favoráveis para viver relacionamentos marcantes e transformadores. E, além disso, estão disponíveis para viver a experiência privilegiada do *momento* de plena compreensão mútua. Trata-se de um instante muito especial, que apaga tudo que está ao redor e fora do puro encontro entre os dois envolvidos. O encontro é a experiência essencial da relação télica.

O ENCONTRO

O encontro de que fala Moreno não pode ser marcado com um horário. No entanto, ele *convidava* para esse encontro. Como?

O convite moreniano é uma espécie de convocação, é apelo para a sensibilidade do próximo. É convite para a vivência simultânea e "biempática", enfim, *télica*. É apelo da espontaneidade.

Como um poeta que convoca as pessoas para a experiência renovadora da convivência harmônica ou para uma vivência fora do cotidiano, Moreno escreveu, em 1914, o "Convite ao encontro" (*Einladung zu einer Begegnung*).

A terapia psicodramática não pressupõe que, durante as sessões, devam necessariamente ocorrer "encontros morenianos" entre terapeutas e clientes ou entre os clientes de um grupo. No entanto, ela valoriza a espontaneidade e as possibilidades de aprimoramento perceptivo, condições que favorecem a ocorrência de algo que corresponda à experiência poeticamente descrita por Moreno.

Na verdade, foi o poeta Moreno, e não o terapeuta, quem descreveu o encontro. Esse acontecimento especial, que alguns podem experienciar eventual e repentinamente, escapa a definições lógicas. Entretanto, o poeta também sugere o significado de tele e da mútua disponibilidade de duas pessoas capazes de se colocarem uma no lugar da outra (capacidade de realizar a inversão de papéis).

É difícil, ou impossível, revelar toda a riqueza de sentido, ritmo e imagens de um poema fora da língua original em que foi escrito. Toda tradução é recriação. Na seguinte, sem pretensões literárias, procuramos preservar o essencial do pensamento moreniano:

Um encontro entre dois: olho no olho, cara a cara.
E quando estiveres próximo tomarei teus olhos

e os colocarei no lugar dos meus,
e tu tomarás meus olhos
e os colocarás no lugar dos teus,
então te olharei com teus olhos
e tu me olharás com os meus.

Assim nosso silêncio serve-se até das coisas mais comuns e nosso encontro é meta livre:
O lugar indeterminado, em um momento indefinido, a palavra ilimitada para o homem não cerceado.

Nessa criação poética de Moreno, é possível destacar algumas mensagens:

- a disposição e a convocação para a proximidade;
- a proposta de uma vivência plena de troca;
- o empenho na compreensão mútua;
- a confiança na receptividade do outro;

- a acolhida do silêncio que envolve o acontecimento, do qual até as coisas mais simples parecem tornar-se cúmplices;
- o afastamento efetivo do ruído, das interferências que distorcem.

Além disso,

- o lugar não pode ser delimitado, o momento é tempo vivido plenamente, escapa a medidas que o precisem;
- a palavra, que não é mera fala, é um dizer pleno, não brota de definições;
- na experiência radical de convivência revela-se a ausência de limitação da verdadeira essência humana.

A TEORIA DO MOMENTO

No poema que fala do encontro, vimos que Moreno às vezes recorria à linguagem literária para comunicar o sentido de certas palavras que valorizava. Tais palavras referem-se a experiências e vivências que não podem ser indicadas por conceitos operacionais, nem por juízos científicos fundados na observação objetiva.

Para comentar o *tempo vivido*, o tempo da experiência subjetiva, Moreno baseou-se na distinção estabelecida por Bergson entre o tempo convencional dos relógios, as concepções espacializadas do tempo que utilizamos e a verdadeira experiência anímica do fluxo temporal, a *duração*. No entanto, procurou criticar e acrescentar algo ao pensamento do filósofo, insistindo na especificidade de sua descoberta: a *categoria de momento*.

Apesar de a essência da temporalidade consistir em um jorro constante, em um fluir que só pode ser captado e descrito poética ou literariamente (segundo Bergson e Moreno), o momento moreniano é uma espécie de curto-circuito. É vivido como se a duração fosse alterada subitamente, permitindo o destaque de um instante que transforma as pessoas envolvidas. É o caso do momento do encontro e do momento da criação, situações em que o ser humano se realiza, afirmando o que é essencial no seu modo de ser.

O "AQUI E AGORA"

Moreno salientava a importância de pensar a respeito da interação humana levando em conta, principalmente, o tempo presente. Com efeito, opunha-se a teorias que fundamentavam a atitude de procurar esclarecer o passado de A ou o passado de B, quando se tratava de compreender o relacionamento dos indivíduos A e B.

A proposta metodológica moreniana para a abordagem do relacionamento bipessoal e grupal é a investigação das características do inter-relacionamento entre os indivíduos envolvidos na situação, tal como está transcorrendo. Trata-se de averiguar a relação presente, as correntes afetivas como estão sendo transmitidas e captadas aqui e agora. Por exemplo, para compreender o ódio, o amor, a inveja, as saudades etc. que A tem em relação a B, o que se deve procurar é o significado de um ou de todos esses sentimentos, no conjunto das correntes afetivas que passam entre A e B, enquanto ocorrem. Moreno pretendia encontrar o método adequado para o estudo das interações "aqui e agora" (em latim, *hic et nunc*), o *método sociométrico*.

COCONSCIENTE E COINCONSCIENTE

Interessado em resgatar a percepção télica, Moreno deteve-se em fenômenos que ocorriam nas ligações profundas entre pessoas. Para ele, "os estados coconscientes e coinconscientes são, por definição, aqueles que os participantes têm experimentado e produzido conjuntamente e que, portanto, só podem ser reproduzidos ou representados conjuntamente".

O conceito de coinconsciente refere-se a vivências, sentimentos, desejos e até fantasias comuns a duas ou mais pessoas, os quais se dão em "estado inconsciente".

O casal de idosos Filêmon e Baucis, personagens da mitologia greco-romana, foi mencionado por Moreno, embora sem relatar a história deles, para exemplificar a união profunda que pode gerar um coinconsciente. Vale a pena relembrar o mito: quando visitou a Frígia acompanhado de Hermes, Zeus só encontrou hospitalidade no casal que habitava uma modesta choupana. Vingando-se dos demais e ao mesmo tempo dando seu primeiro sinal de gratidão a Filêmon e Baucis, Zeus fez ruir tudo em volta e transformou a choupana deles em templo. Além disso, dispôs-se a realizar seu maior desejo. O desejo comum revelado foi o de não morrerem um sem o outro. Um belo dia, quando muito mais velhos, sentiram-se ao mesmo tempo cansados de viver. Ao se olharem, perceberam que seu desejo comum já se realizava e eles se transformavam em árvores — ela, uma tília; ele, um carvalho. Deram-se adeus, enquanto a natureza os absorvia, perpetuando a união na metamorfose.

COINCONSCIENTE E INVERSÃO DE PAPÉIS

Na concepção moreniana, a *resistência interpessoal* corresponde à resistência a reconhecer certos aspectos próprios, que cada um atribui ao outro e frequentemente se apresenta como resistência frente ao outro (atitude "transferencial" e avessa ao encontro). Moreno supunha que, vencida essa resistência, a ação psicodramática permitisse superar conflitos *coinconscientes*.

A *ação psicodramática* — sobretudo com a técnica de inversão de papéis, utilizada com os indivíduos *A* e *B*, aproximando cada um das "profundidades do interior do outro" — permite que o

LIÇÕES DE PSICODRAMA

"inconsciente" de *A* se manifeste associado ao "inconsciente" de *B*, assinala Moreno: "por exemplo, pai e filho, cada um deles pode estar reprimido no inconsciente do outro. Mediante a inversão de papéis, portanto, poderão trazer para fora o que vêm acumulando durante anos".

6. A formação da identidade

A MATRIZ DE IDENTIDADE

O bebê ocupa um espaço físico sob o teto daqueles que o recebem e dele cuidam (sejam pai e mãe, outros parentes, profissionais em uma instituição, enfim, quaisquer *responsáveis*). Ele ocupa também um *espaço virtual*, em parte predeterminado, que dispõe as condições iniciais para seu desenvolvimento.

As predeterminações abrangem desde o ponto geográfico onde se situa o grupo humano que abriga o recém-nascido, suas condições socioeconômicas, até o clima psicológico que envolve a sua presença. É nesse clima que se constitui o espaço virtual, onde se instalam, por exemplo, as expectativas dos mais próximos em relação ao nascituro, em relação ao *papel* que ele desempenha e virá a desempenhar: unir a família, cuidar dos negócios do pai, ajudar a mãe, conseguir ser aceito, realizar algum feito em que os adultos fracassaram etc. Os exemplos são infinitos, como a gama de desejos que os seres humanos são capazes de acalentar.

É a partir do que recebe nesse meio, constituído de fatores materiais, sociais e psicológicos, que a criança começa a viver o processo, pelo qual se reconhecerá, aos poucos, como semelhante aos demais e como um ser único, *idêntico* a si mesmo.

O *lugar* preexistente, modificado pelo nascimento do sujeito, é o ponto de partida de sua definição como *indivíduo*; é a *matriz de identidade*.

A *matriz de identidade,* no sentido mais amplo, é o lugar do nascimento *(locus nascendi).* Moreno a definiu também como *placenta social,* pois, à maneira da placenta, estabelece a comunicação entre a criança e o sistema social da mãe, incluindo aos poucos os que dela são mais próximos.

Para Moreno,

> identidade não deve ser confundida com identificação. A ideia de identificação é completamente distinta e é importante ver a diferença com clareza. Identificação supõe que haja um eu consolidado que busca a identidade com outro eu consolidado. A identificação só pode ter lugar quando a criança, tendo crescido, desenvolveu a capacidade de distinguir-se das outras pessoas. Daí relacionarmos a identidade com as fases mais remotas do desenvolvimento da criança.
>
> Numa altura em que a memória, a inteligência e outras funções cerebrais ainda estão pouco desenvolvidas ou são inexistentes, o fator E constitui o principal esteio dos recursos da criança. Em seu auxílio acodem os egos auxiliares e os objetos com quem ele forma o seu primeiro ambiente, a matriz de identidade.

Matriz de identidade é, portanto, o lugar *(locus)* onde a criança se insere desde o nascimento, relacionando-se com objetos e pessoas em determinada atmosfera. O desenvolvimento do recém-nascido ocorrerá nesse *locus.*

Ao nascer, a criança entra num mundo denominado primeiro universo, que se divide em dois tempos com características próprias:

Primeiro tempo do primeiro universo ou período da identidade total

- A criança não diferencia pessoas de objetos, nem fantasia de realidade;
- só há um tempo, o presente;

LIÇÕES DE PSICODRAMA

- todas as relações são de proximidade;
- a criança tem "fome de atos";
- não existem sonhos, pois não há separação de objetos e pessoas nem possibilidade de registro;
- a criança corresponde à *matriz de identidade total indiferenciada.*

Segundo tempo do primeiro universo ou período da identidade total diferenciada ou da realidade total

- Ocorre um decréscimo da fome de atos;
- a criança começa a diferenciar objetos de pessoas;
- surgem certos registros, possibilitando os sonhos;
- as relações começam a ter alguma distância, iniciando-se aí os rudimentos da telessensibilidade;
- corresponde à criança a *matriz de identidade total diferenciada.*

O início do segundo universo é marcado pela ocorrência daquilo que Moreno chamou de "a brecha entre fantasia e realidade", que até esse momento se misturavam. Formam-se dois conjuntos de processos de aquecimento: um, de atos de realidade, e outro, de atos de fantasias. A partir desse momento, o indivíduo começa a desenvolver dois novos conjuntos de papéis: sociais e psicodramáticos, o primeiro, relacionado a um mundo social e o segundo, a um mundo de fantasia. Corresponde-lhe a matriz de identidade da brecha entre fantasia e realidade.

Moreno descreve cinco etapas dessa formação na matriz, que depois resume em três apenas:

1. Fase da diferenciação: a criança, a mãe e o mundo são uma coisa só.
2. Fase em que a criança concentra a atenção no outro, esquecendo-se de si mesma.
3. Aqui ocorre o movimento inverso: a criança está atenta a si mesma, ignorando o outro.

4. Nessa fase, a criança e o outro estão presentes concomitantemente, e ela já se arrisca a tomar o papel do outro, embora não suporte o outro no seu papel.
5. Nessa etapa, pode haver concomitância na troca de papéis entre a criança e a outra pessoa (inversão de papéis).

Quando fala em três fases, Moreno junta as fases 2 e 3 numa única e também a 4 e a 5, do seguinte modo:

1. Fase do duplo, a fase da indiferenciação, na qual a criança precisa sempre de alguém que faça por ela aquilo que não consegue fazer sozinha, precisando, portanto, de um ego auxiliar. Inspirando-se no dublê do cinema, Moreno chamou esta fase de *duplo*.
2. Fase do espelho, na qual existem dois movimentos que se mesclam: o de concentrar a atenção em si mesma, esquecendo-se do outro, e o de concentrar a atenção no outro, ignorando a si mesma. Pelo fato de, nesta fase, a criança ver sua imagem refletida na água ou no espelho e estranhá-la, dizendo "olha o outro nenê", Moreno a denominou de *espelho*.
3. Fase de inversão, na qual, em primeiro lugar, existe a tomada do papel do outro para, em seguida, haver a inversão concomitante dos papéis.

ÁTOMO SOCIAL

Quando nos referimos à matriz de identidade, falamos das pessoas de maior proximidade afetiva da criança, que nasce em um meio social. Por outro lado, referindo-nos ao fator tele, mostramos que este representa a determinação de perceber experiências e a possibilidade de estabelecer vínculos afetivos.

O *átomo social* de um indivíduo decorre de determinações socioeconômicas e do fator tele. Por exemplo: *A* tem 6 anos, mora com a mãe, um irmão e a avó numa pequena vila. Seu pai foi embora; ninguém sabe onde ele está. Além da escola e da vizinhança, A não tem acesso a outros ambientes. Suponhamos que não capte de modo algum a imagem ou o significado desse pai que foi embora, nem sequer como pai ausente. Nessa situação, alguns entre eles ou todos os familiares mencionados fazem parte de seu átomo social, mas não o pai. Lancemos agora outra hipótese: A tem uma imagem vaga desse pai que o deixou e fantasias a respeito da ausência dele. Sua percepção da ausência do pai corresponde à realidade e, nesse caso, a figura paterna faz parte de seu átomo social.

Com o exemplo acima, procuramos esclarecer o motivo pelo qual Moreno afirma que o átomo social de um indivíduo vai tão longe quanto a sua telessensibilidade.

Para Moreno, átomo social é a configuração social das relações interpessoais, que se desenvolvem a partir do nascimento. Na origem, abrange mãe e filho. Com o correr do tempo, vai aumentando em amplitude com todas as pessoas que entram no círculo da criança e lhe são agradáveis ou desagradáveis e para as quais, reciprocamente, ela é agradável ou desagradável. As pessoas que não lhe causam impressão alguma, nem positiva nem negativa, ficam fora do átomo social como meros "conhecidos". É por isso que o "átomo social tem uma *tele-estrutura característica* e uma constelação em permanente mudança".

De fato, uma vez que a imagem que o indivíduo tem de si mesmo, suas crenças e convicções podem mudar; é preciso levar em conta que a transformação da autoimagem, das relações que cada um tem consigo, pode alterar o átomo social e vice-versa.

AS REDES SOCIOMÉTRICAS

As *redes sociométricas* são compostas de vários átomos sociais, nem sempre evidentes. Por exemplo, se A se relaciona com B, a relação entre esses dois indivíduos não implica necessariamente que cada um se relacione com todas as pessoas que formam o átomo social do outro. No entanto, no mapeamento de uma rede, podem-se evidenciar ligações que exercem influência sobre a relação entre *A* e *B*, que não eram claras para eles.

Redes sociométricas são fenômenos objetivamente observáveis, apesar de, na sua constituição, decorrerem também de variáveis subjetivas. Entre essas variáveis estão a telessensibilidade de cada um, as correntes de afetos que permeiam as inter-relações determinantes do átomo social, que, por sua vez, participa da formação da rede sociométrica.

Os fenômenos subjetivos não são, contudo, as únicas variáveis determinantes da rede sociométrica, pois tampouco são os únicos fatores determinantes da inserção de um indivíduo num meio socioeconômico. As redes formam-se também a partir dos diversos *papéis* que cada um desempenha. Um exemplo claro de papel nem sempre escolhido espontaneamente é o *papel profissional.*

Muitas vezes, a principal inserção de um indivíduo em dada rede sociométrica depende do seu papel profissional, cuja escolha limita-se às oportunidades que encontra na classe social em que nasce.

7. Teoria dos papéis

Moreno atribuía a inspiração de sua teoria dos papéis mais ao teatro do que à sociologia contemporânea. Apesar dos pontos que sua teoria pudesse ter em comum com as famosas formulações do sociólogo americano G. H. Mead, ele lembrou que sua definição e instrumentação psico e sociodramática do conceito foi anterior à publicação da obra em que G. H. Mead o aborda. Também a publicação das obras *O teatro da espontaneidade* (edição original, 1923) e *Quem sobreviverá? — Fundamentos da sociometria, da psicoterapia de grupo e do psicodrama* (edição original, janeiro de 1934) foi anterior ao lançamento do livro póstumo de G. H. Mead, *Mind, self and society* [*Mente, self e sociedade*] (dezembro de 1934).

Sem nos determos a um levantamento dos estudos históricos, etimológicos e sociológicos que instigaram vários autores na busca da origem, do significado e do uso da palavra *papel*, mencionamos apenas algumas observações relevantes do próprio Moreno.

O termo inglês *role* (= papel), originário de uma antiga palavra que penetrou no francês e no inglês medievais, deriva do latim *rotula*. Na Grécia e também na Roma antiga, as diversas partes da representação teatral eram escritas em 'rolos' e lidas pelos pontos aos atores que procuravam decorar seus respectivos 'papéis'; essa fixação da palavra *role* parece ter se perdido nos períodos mais incultos dos séculos iniciais e intermediários da Idade Média. Só nos séculos XVI e XVII, com o surgimento do teatro moderno, é que as partes dos personagens teatrais foram lidas em 'rolos' ou fascículos de papel. Dessa maneira, cada parte cênica passou a ser designada como papel ou *role*.

Como vínhamos comentando, as teorias morenianas sempre se referem ao homem em situação, imerso no social e buscando transformá-lo por meio da ação. O conceito de *papel* que pressupõe inter-relação e ação é central nesse conjunto articulado de teorias, imprescindível sobretudo para a compreensão da teoria da técnica terapêutica.

As teorias psicodramáticas, comenta Moreno, levam o "conceito de papel a todas as dimensões da vida". Com efeito, elas o utilizam para abordar a situação do nascimento e a existência enquanto experiência individual e enquanto modo de participação na sociedade.

Destaquemos inicialmente os dois sentidos fundamentais referidos pelo termo "papel", tal como assimilado pelo psicodrama: compreendem *unidades de representação teatral* e *de ação e funções sociais*.

No teatro, os atores desempenham papéis diante de um público. Quando uma atriz toma e interpreta o papel da personagem Carmen, ela procura mostrar em seu desempenho o modo de ser, o comportamento singular da personagem. Essas características observáveis da personagem são identificadas, reconhecidas pelo público, que passa a distingui-las das que são próprias de outros personagens. *O papel Carmen* consiste em um *conjunto único de ações e de atitudes*.

Na vida real, em sociedade, os indivíduos têm *funções*, determinadas por circunstâncias socioeconômicas, por sua inserção em determinada classe social, por seu átomo social e por sua rede sociométrica. Assim, há papéis *profissionais*: marceneiro, metalúrgico, médico etc.; há papéis determinados pela *classe social*: patrão, operário, sem-terra, fazendeiro etc.; papéis constituídos de *atitudes* e *ações*, adotados com base nos anteriores:

LIÇÕES DE PSICODRAMA

líder, revolucionário, negociador, repressor etc.; papéis *afetivos*: amigo, inimigo, companheiro etc.; papéis *familiares*: pai, mãe, filho, patriarca, idiota da família, sucesso da família etc.; papéis nas demais *instituições*: diretor, deputado, coordenador, reformador etc. Nesses exemplos, que não são exclusivos entre si, não pretendemos oferecer uma lista de categorias que esgotem as referências do termo "papel", pois seria pretensão absurda.

É possível, contudo, afirmar que todos os papéis acima têm algo em comum: são observáveis. Entusiasmado com a objetividade do fenômeno que estudava, Moreno argumentou que o conceito de papel era mais apropriado que o de *personalidade*, cujas formulações vagas impediam que fosse relacionado a fatos observáveis e mensuráveis. Ele definiu papel como a menor *unidade observável de conduta*.

Em outra definição, destacou o aspecto da dinâmica inter--relacional pressuposta pelo observador dessa "unidade de conduta": "O papel é a forma de funcionamento que o indivíduo assume no momento específico em que reage a uma situação específica, na qual outras pessoas ou objetos estão envolvidos".

Moreno destacou outras definições de "papel" que, como podemos notar, são abrangidas pelas primeiras:

- *Pessoa imaginária* criada por um dramaturgo. Exemplos: Carmen, Otelo, Fausto.
- *Modelo de experiência*: pessoa real ou personagem imaginária cujo modo de ser ou escolha existencial determina características evidentes de comportamento; nestas, predomina uma opção, um traço de "personalidade" ou uma paixão: Carmen, a insubmissão; Otelo, o ciúme; Fausto, o desejo do saber absoluto.
- *"Parte" de uma pessoa real* representada por um ator: a agressividade de Barbara, a obsessão de Roberto por horários, a indecisão de Frank.*

---

* Utilizamos aqui nomes dados por Moreno a clientes seus em relatos clínicos.

- *Caráter* ou *função* assumidos dentro de uma realidade social: policial, juiz, médico, congressista.
- *Cristalização* final de todas as situações em que o indivíduo desenvolveu um modo de realizar operações específicas: pai, mãe, piloto de avião, professor.

Apesar das várias formas e modalidades de definição que se possam atribuir aos papéis, convém salientar que, na teoria moreniana, "todo papel é uma fusão de elementos privados e coletivos [...]. Um papel compõe-se de duas partes: o seu denominador coletivo e o seu diferencial individual".

Podemos, então, propor a seguinte definição, abrangendo as anteriores: papel é a unidade de condutas inter-relacionais observáveis, resultante de elementos constitutivos da singularidade do agente e de sua inserção na vida social.

A ORIGEM DOS PAPÉIS NA MATRIZ DE IDENTIDADE

Na história do indivíduo, os papéis começam a surgir no interior da matriz de identidade, que constitui "a base psicológica para todos os desempenhos de papéis", segundo Moreno.

Para Moreno, "o ego deriva dos papéis" e o que se costuma chamar de "personalidade" deriva de fatores GETA: genéticos, espontaneidade, tele e ambiente. Esses fatores, por definição, estão presentes desde a primeira fase da matriz de identidade.

Afirmando que o processo de aquisição e de desenvolvimento de papéis deve ser "estudado desde as fases pré-verbais da existência", ele designou as três principais fases da matriz, indicativas da gênese dos papéis:

1. Matriz de identidade total indiferenciada (fase do duplo).
2. Matriz de identidade total diferenciada ou de realidade total (fase do espelho).

3. Matriz da brecha entre fantasia e realidade (fase de inversão de papéis).

As fases de *identidade total,* indiferenciada e diferenciada, constituem o primeiro universo da criança.

PAPÉIS PSICOSSOMÁTICOS

Formas de funcionamento na situação de dependência que caracteriza a matriz indiferenciada, os papéis psicossomáticos são também os primeiros entre os "papéis precursores do ego". Apesar de atendidos por egos auxiliares (pessoas que cuidam da criança), esses esboços de papéis não permitem relacionamento de pessoa a pessoa. Não se pode pressupor, pelo fato de serem chamados de papéis, que correspondam a unidades de ação bem delimitadas, nem que pertençam a um sujeito que se relaciona com outro, enquanto tal; a criança desse período ainda não tem unidade própria, e não estão diferenciados para ela outras pessoas e outros objetos.

No mundo da matriz de identidade total não há ainda de fato uma inter-relação propriamente dita, tal como ocorre num mundo físico, afetivo e social já constituído para um agente. Entretanto, já há relação, numa certa medida, nas respostas que os papéis psicossomáticos recebem do ego auxiliar (obviamente incluindo o clima afetivo-emocional). Assim, é claro que cada criança vive de determinado modo seus *papéis psicossomáticos,* dependendo das atitudes e das satisfações que encontre nos primórdios da identidade. Mas nenhuma caracterologia determinista derivou dessas constatações na teoria moreniana.

Desde a formação dos papéis psicossomáticos, tudo se passa como se cada papel surgido tendesse a se aglutinar com outros, formando um aglomerado ou "cacho" de papéis.

Em síntese, a partir do modo pelo qual foram experienciados os papéis psicossomáticos e do desenvolvimento de seus fatores T e E, a criança continua o processo de assimilação de novos aglomerados de papéis, inicialmente sem que ela possa distinguir papéis reais de papéis imaginários.

Chamando a segunda fase da matriz de *fase de realidade total,* Moreno procurou destacar o fato de que, nessa etapa, a criança ainda não distingue indivíduos e objetos reais de indivíduos e objetos imaginários. Ela começa a "imitar" algumas formas de ação que observa. Mas ainda não é capaz de representar ou desempenhar papéis sem confundir com aspectos seus aquilo que observa.

Para Moreno, entre a primeira e a segunda fase da matriz, "o processo de construção de imagens e o processo de coação, na adoção do papel do comedor, fornece-nos uma chave para as causas subjacentes no processo de aprendizagem emocional, atribuído por alguns à imitação".

Com efeito, é mais coerente falar em *processo infantil de adoção de papéis* do que em imitação, como ele próprio diz:

> Essa adoção infantil de papéis consiste em duas funções: dar papéis (dador) e receber papéis (recebedor). Na situação alimentar, por exemplo, a concessão de papéis é feita pelo ego auxiliar (mãe) e o recebimento de papéis é feito pelo filho, ao receber o alimento. A mãe, ao dar alimento, aquece-se em relação ao filho para a execução de atos de uma certa coerência interna. O bebê, por seu lado, ao receber o alimento, aquece-se para a execução de uma cadeia de atos que também desenvolvem um certo grau de coerência interna. O resultado dessa interação é que se estabelece, gradualmente, uma certa e recíproca expectativa de papéis nos parceiros do processo. Essa expectativa de papéis cria as bases para todo o intercâmbio futuro de papéis entre a criança e os egos auxiliares.

PAPÉIS SOCIAIS E PAPÉIS PSICODRAMÁTICOS

Esses dois outros tipos de papel emergem marcando a superação das fases de indiferenciação e de realidade total da matriz, quando se instaura a fase da *brecha entre fantasia e realidade*.

Aos poucos, com o desenvolvimento neuropsicomotor, da inteligência e dos fatores E e T, a *função de realidade* introduz uma mudança fundamental, inaugurando uma nova etapa, o segundo universo.

Para Moreno, a "função de realidade opera mediante interpolações de resistências que não são introduzidas pela criança, mas que lhe são impostas por outras pessoas, suas relações, coisas e distâncias no espaço, e atos e distâncias no tempo". É importante salientar que, nesse período, a imaginação não perde poder nem função. Apenas fica delimitado o seu âmbito.

Atingidas as condições para a "separação" entre produções imaginárias e realidade, conquistam-se os papéis psicodramáticos. A adoção dos primeiros é seguida da capacidade de desempenhá-los, que aumenta à medida que opera com mais eficiência a função de realidade. Como numa relação entre figura e fundo, em que ambos os elementos são simultaneamente configurados por uma linha, os papéis sociais e psicodramáticos são simultaneamente separados — e ganham consistência — com a brecha, que funciona como uma linha móvel (para compreender essa mobilidade, podemos imaginar uma linha desenhada por um barbante).

A função psicodramática é a contrapartida da função de realidade. Nos papéis sociais opera predominantemente a função de realidade, e nos papéis psicodramáticos, a fantasia ou função psicodramática.

Os *papéis psicodramáticos* correspondem à dimensão mais individual da vida psíquica, "à dimensão psicológica do eu", e os *papéis sociais,* à dimensão da interação social.

Tornando-se distintos na terceira fase da matriz, os papéis sociais e psicodramáticos mantêm sua tensão dinâmica, também formando cachos ou aglomerados que se transformam ao longo da vida do indivíduo.

Cumpre assinalar que a *junção psicodramática* também pode encontrar resistências, mas unicamente do próprio agente (criança ou adulto), quando ele, por exemplo, teme uma "volta" a etapas anteriores da matriz: "A fantasia ou *função psicodramática* está livre dessas resistências extrapessoais, a menos que o indivíduo interponha a sua própria resistência".

Com a presença das funções de realidade e psicodramática, completam-se, na terceira fase da matriz de identidade, as condições para o surgimento do ego. Os aglomerados ou "cachos" de papéis, correspondentes aos "papéis precursores do ego", formam "egos parciais": psicossomático, psicodramático e social.

Da dinâmica entre aglomerados de papéis, que são comunicantes entre si, por meio de "vínculos operacionais", constitui-se o ego, afirma Moreno:

> O ego inteiro, realmente integrado, de anos posteriores, ainda está longe de ter nascido. Têm de se desenvolver gradualmente vínculos operacionais e de contato entre os conglomerados de papéis sociais, psicológicos e fisiológicos, a fim de que possamos identificar e experimentar, depois de sua unificação, aquilo a que chamamos o *"ego"* e o *"si-mesmo"*.

Os papéis psicodramáticos, também chamados "psicológicos", e os papéis sociais correspondem a conjuntos diferenciados de unidades de ação. Na fase da brecha entre fantasia e realidade, adquire-se também, portanto, a capacidade de iniciar processos de aquecimento diferenciados, para o desempenho de um e de outro tipo de papel. Só assim se exerce a *espontaneidade*, com a adequação da ação do sujeito a seus próprios papéis.

Não devemos esquecer, além do que foi esclarecido acima, que é com as aquisições instauradoras do segundo universo que passam a operar a representação e a inversão de papéis.

Com efeito, é somente com a integração dos papéis precursores, por volta dos 3 anos de idade, que a criança dispõe de um ego e de uma identidade que lhe permitem relacionar-se como indivíduo, com outros egos, outras pessoas, e entrar em relação mais ou menos télica com outras "identidades".

Gradualmente, a experiência da realidade permite que, à adoção de papéis, iniciada com os papéis psicossomáticos, venham a acrescentar-se as várias possibilidades de interação dos papéis sociais e psicodramáticos.

De acordo com o grau de liberdade ou de espontaneidade, o processo de desenvolvimento de um novo papel passa por três fases distintas:

1. *Role-taking* é a tomada do papel ou adoção do papel, que consiste em simplesmente imitá-lo conforme os modelos disponíveis.
2. *Role-playing* é o jogar o papel, explorando simbolicamente suas possibilidades de representação.
3. *Role-creating* é o desempenho do papel de forma espontânea e criativa.

PAPÉIS PSICODRAMÁTICOS NO PSICODRAMA

Os papéis psicodramáticos são, nas palavras de Moreno, "personificações de coisas imaginadas, tanto reais quanto irreais".

No teatro terapêutico e no psicodrama, enquanto psicoterapia, os papéis desempenhados durante a dramatização constituem papéis psicodramáticos, no sentido mais óbvio. Entretanto, Moreno pretendia que a ação dramática terapêutica levasse a algo mais do que a mera repetição de papéis tais como são desempenhados no cotidiano. A ação dramática permite *insights* profundos do protagonista e do grupo a respeito do *significado* dos papéis assumidos. Os papéis psicodramáticos evidentemente têm seus complementares na ação dos coatores e do grupo, que assistem ao drama e nele se veem representados.

No contexto dramático, por meio do papel psicodramático, o protagonista reproduz aspectos seus e do grupo, torna-os presentes, está no lugar de elementos do grupo, é uma espécie de procurador do coinconsciente. Assim, o significado de papel psicodramático, apesar da definição óbvia, compreende uma referência teórica muito ampla.

PAPÉIS COMPLEMENTARES

Na verdade, todos os papéis são complementares. São *unidades de ação* realizadas em ambiente humano ou na expectativa de inter-relação. Por exemplo, mesmo antes de seu encontro com Sexta-Feira, Robinson Crusoé, na solidão, agia de acordo com uma série de papéis adquiridos em sua cultura e mantidos na expectativa de voltar ao convívio social.

O modo de ser, a identidade de um indivíduo, decorre dos papéis que ele complementa ao longo de sua existência e suas experiências, com as respostas obtidas na interação social por papéis que complementam os seus.

Obviamente, não há papel de senhor se não houver papel de servo e vice-versa. As contradições, crises e transformações dos *papéis complementares* fazem parte do próprio movimento da história. Papéis opostos ou solidários, de indivíduos diferentes, *completam* um o sentido do outro.

De certo modo, até os papéis psicossomáticos já são complementados pelos papéis de nutriz e ego auxiliar.

8. Teoria da ação

O PRINCIPAL PRESSUPOSTO MORENIANO a respeito da ação é o seguinte: a experiência da *ação livre,* isto é, *espontânea,* e correspondente aos verdadeiros anseios do sujeito, permite-lhe recuperar para a vida criativa suas melhores condições (inclusive os fatores E e T).

Moreno não definiu "ação". Não foi o primeiro pensador a deixar de lado a definição de um dos termos-chave de sua teoria. Tal omissão justifica-se, em parte, pelo fato de ele ter-se dedicado a investigar o *sentido da ação* e de seu *valor terapêutico.* Ele estava criando e descobrindo; talvez não pudesse delimitar definindo.

AÇÃO ESPONTÂNEA E DESEMPENHO DE PAPEL

Inegavelmente, há influência do Moreno pensador sobre o Moreno terapeuta. No psicodrama, ele pressupunha que, ainda sem submissão, encontrando-se como *seu ser* em *papéis imaginários* ou correspondentes a *funções assumidas dentro da realidade social,* o indivíduo recuperava a capacidade de realizar transformações autênticas na vida, no relacionamento interpessoal e mesmo na comunidade.

A realização da verdadeira *ação espontânea* equivale à criação e ao desempenho de papéis que correspondem a modelos próprios de existência.

Na verdade, a *convalidação existencial* moreniana refere-se à escolha radical de um *papel transformador* para si mesmo ou à ação desencadeada a partir desse papel.

AÇÃO ESPONTÂNEA, SEINISMO E CONVALIDAÇÃO EXISTENCIAL

Moreno foi um dos criadores do que se apresentava como uma nova filosofia: o seinismo (do verbo *sein*, "ser", em alemão). Nesse movimento jovem, era central o princípio segundo o qual cada pessoa precisa encontrar o seu verdadeiro ser e agir para *convalidá-lo*, isto é, agir em consonância com o reconhecimento profundo da própria escolha de valores.

Um dos exemplos de convalidação existencial que ele nos legou foi o da transformação radical realizada pelo escritor russo Liev Tolstói. Famoso e habituado a uma vida cercada de conforto material, Tolstói teria renunciado a ela para experimentar viver como um camponês, um mujique, seguindo seu verdadeiro desejo.

O exemplo parece romântico e, além disso, discutível, pois as biografias do escritor não são garantia de que as coisas tenham ocorrido com ele do modo descrito. Mas este, como muitos outros, é simplesmente um exemplo dado para ilustrar uma ideia.

AÇÃO ESPONTÂNEA E FATORES INTERVENIENTES

Toda ação é interação por meio de papéis. Para agir em conjunto ou de forma combinada, as pessoas precisam de um tempo de preparação.

Na preparação para a ação, tudo se passa como se fossem desencadeados os fatores T e E. Com efeito, para interagir é necessário ativar a sensibilidade, a captação do movimento, do ritmo, dos sentimentos da outra pessoa — uma verdadeira afinação entre os agentes é indispensável para a ação efetiva.

Para agir espontaneamente, precisamos deter-nos em nosso estado e disposição em dada situação. É preciso que "nos entendamos", conosco e com o outro.

Todo e qualquer ato está relacionado a três fatores, que se encontram também na origem do organismo humano, das ideias e dos objetos: *locus, matrix* e *status nascendi*.

O *locus* delimita a área ou o local específico onde se dá determinado processo.

A *matrix* é a parte nuclear de todo o processo.

O *status nascendi* é a pauta de ação primária, a preparação.

Encontramos em Moreno dois exemplos clássicos: o primeiro é o da flor, no qual o *locus* é o caule em que ela cresce, o *status nascendi* é o estado de uma coisa que cresce até desabrochar em flor e a *matrix* é a semente fértil, originadora da planta e da flor; o segundo exemplo refere-se à origem do organismo humano, no qual o *locus* é a placenta uterina, o *status nascendi* é o tempo da concepção e a *matrix* é o óvulo fertilizado do qual surge o embrião.

Esses conceitos, quando aplicados ao sujeito e a suas inter-relações, recebem os nomes de zona, foco e aquecimento.

Dessa forma, temos:

- *Zona* é o conjunto dos elementos atuantes e presentes numa ação determinada.
- *Foco* é a região de coincidência dos diversos componentes da zona, sendo portanto o núcleo principal da zona.
- *Aquecimento* é a preparação para agir de acordo consigo mesmo ou com outrem; é um processo que constitui uma indicação concreta e mensurável de que a espontaneidade começa a atuar (fator E em operação). Ele é disparado pelos *iniciadores*, que são meios de provocação do organismo, voluntários e involuntários, os quais podem ser de natureza física, química, mental e social.

Em um exemplo do desenvolvimento do papel de ingeridor, Moreno delimita a *zona oral* como sendo o conjunto que inclui a boca, os lábios e a língua do bebê e também o peito, o leite e o mamilo da mãe, além do ar ambiental. *Foco* seriam os lábios do bebê e o mamilo da mãe, e o movimento do processo específico de mamar, que se inicia, seria o *aquecimento*.

Enfatizamos, por fim, a correspondência dos fatores referidos:

- *locus* — zona;
- *matrix* — foco;
- *status nascendi* — aquecimento.

AÇÃO NO PSICODRAMA: A DRAMATIZAÇÃO

Segundo Moreno, a dramatização é o método por excelência para o autoconhecimento, o resgate da espontaneidade e a recuperação de condições para o inter-relacionamento. É o caminho através do qual o indivíduo pode entrar em contato com conflitos que até então permaneciam em estado inconsciente.

Todos os instrumentos e técnicas utilizados na sessão de psicodrama visam a propiciar a ocasião para que o protagonista encontre os papéis que vem evitando ou mesmo desempenhando sem convicção nem espontaneidade. Às vezes, na dramatização, encontra um modo liberto, inovador ou renovador de lidar com esses papéis.

Moreno propunha a atores, egos auxiliares e protagonistas a utilização de seu corpo para desempenhar, com emoção autêntica, os papéis por meio dos quais iriam interagir. Assim, um jeito de andar, uma postura, um baixar de ombros, podem ser os *iniciadores físicos* utilizados no aquecimento para o desempenho de papéis.

Os iniciadores são, pois, mecanismos próprios, deliberada e conscientemente desencadeados pelos atores, ou movimentos e várias formas de expressão corporal, que o *diretor* do psicodrama pede aos protagonistas que explorem, visando o *aquecimento* para o *desempenho espontâneo* e criativo de papéis na dramatização.

AÇÃO, AQUECIMENTO E TEORIA DA TÉCNICA

Na primeira etapa da sessão terapêutica de psicodrama, diretor, ego auxiliar, grupo, casal ou cliente individual preparam-se para um clima de proximidade, favorecedor da ação dramática. A dramatização só pode ocorrer de modo proveitoso e espontâneo se o aquecimento for eficaz.

No caso de a sessão ser grupal, o *diretor* ou a *unidade funcional* (diretor e ego auxiliar) colocam-se, durante a fase de *aquecimento inespecífico*, a serviço da apreensão do clima afetivo-emocional e da escuta daquilo que os membros do grupo dizem, consciente e inconscientemente. Nessa fase preparatória, procuram também *reconhecer o protagonista*.

AQUECIMENTO INESPECÍFICO E EMERGÊNCIA DO PROTAGONISTA

O protagonista emerge, escolhido pelo grupo ou descoberto pelo(s) terapeuta(s). O diretor precisa cuidar para não confundir a eleição de um elemento do grupo com a verdadeira emergência do protagonista. Muitas vezes, o grupo procura escolher um falso protagonista — alguém que não representa o sentimento ou emoção predominante no grupo — para evitar (inconscientemente) o confronto consigo mesmo.

Às vezes acontece de o protagonista ser todo o grupo. Nesse caso, nota-se, na fase de aquecimento inespecífico, que o tema subjacente aos vários discursos manifestos é a relação dos membros do grupo entre si e/ou com os terapeutas.

AQUECIMENTO ESPECÍFICO E DRAMATIZAÇÃO

Aqui, aquecimento específico é a preparação do protagonista para a dramatização; é, também, a manutenção do clima de envolvimento com a *realidade vivida e dramatizada*. Quando cliente e/ou terapeuta não conseguem manter afinação "télica", a dramatização ou não se inicia, ou é interrompida, ou cai no vazio. Se a transferência (no sentido moreniano) predomina sobre a telessensibilidade, o *aquecimento específico* é impossibilitado. Exemplos: o protagonista sente-se perseguido ou censurado pelo(s) terapeuta(s) ou pelo grupo; o terapeuta está tomado pelo desejo de exibir sua capacidade de dirigir ou quer provar alguma coisa para o protagonista.

DRAMATIZAÇÃO E PAPÉIS NÃO VIVIDOS

A dramatização é uma oportunidade para que o protagonista examine, pela experiência no "como se", o sentido profundo de papéis em que vem investindo sua fantasia.

A ação no "como se" às vezes permite o reconhecimento e a posterior libertação de *papéis idealizados*, que têm impedido a ação espontânea no cotidiano do protagonista. Por exemplo, na dramatização, o protagonista pode examinar seu papel, latente e profundamente arraigado, de *professor "sabe-tudo"*; quase sempre, a pessoa ignora a quantas está seu comprometimento inconsciente com esse papel. Como essa *unidade cristalizada de fantasia* (esse papel *imaginário* e *não vivido)* é irrealizável, pois *ninguém sabe tudo,* ela continua perturbando o sujeito em suas atividades e em seus relacionamentos, fonte de ansiedade e frustração.

A experiência inversa também é possível: na dramatização, o protagonista pode descobrir papéis que correspondam a seu verdadeiro modo de ser e sejam realizáveis.

Convém, assim, reafirmar que esses exemplos de dramatização, tanto quanto outros, constituem apenas modos de sugerir os contornos da realidade existencial a que se referem tanto a teoria quanto a prática psicodramática.

PASSAGEM AO ATO — *ACTING-OUT*

Em 1928, Moreno passou a usar o termo *acting-out* para expressar o "atuar para fora aquilo que está dentro do paciente", contrapondo essa ocorrência à representação do papel teatral que é atribuído ao ator (em outras palavras, do papel que ele recebe do exterior).

Ele distinguia dois tipos de *acting-out*: o irracional e incalculável, o qual ocorre na própria vida e é prejudicial ao indivíduo e a suas relações*; e o terapêutico e controlado, que tem lugar no contexto dramático do tratamento.

Moreno acreditava que, com o devido aquecimento, o *acting-out* ocorresse favoravelmente no "como se" do contexto dramático, evitando que o cliente se prejudicasse no contexto social e facilitando, ainda, seu autoconhecimento. Em vez de provocar inadvertidamente o "atuar" dos conteúdos internos fora da relação terapêutica, o psicodrama procura deliberadamente o *acting-out* como forma de tratamento. Por meio dos papéis psicodramáticos e da interação em cena, o cliente encontra condições para explicitar suas fantasias e emoções e refletir a esse respeito, uma vez liberado da ansiedade.

O psicodrama dramatiza para desdramatizar, isto é, pela acentuação, exagero até, pela encenação, enfim, permite que a tendência ao ato impulsivo e à repetitividade patológica dos papéis sejam esvaziadas.

---

* Para referir-se ao *acting-out* irracional, Freud, em 1905, utilizou o vocábulo alemão *agieren* ao relatar o caso Dora.

CATARSE DE INTEGRAÇÃO

Catarse de integração é a mobilização de afetos e emoções ocorrida na inter-relação télica ou transferencial de dois ou mais participantes de um grupo terapêutico durante uma dramatização. Possibilita a um ou mais desses participantes a clarificação intelectual e afetiva das estruturas psíquicas que o(s) impedem de desenvolver seus papéis psicodramáticos e sociais, abrindo-lhe(s) novas possibilidades existenciais.

Para Moreno, esse é o fenômeno que dá o verdadeiro sentido (valor) terapêutico ao psicodrama. O termo vem da ampliação da catarse comentada por Aristóteles, que era o efeito do drama no público, como ocorria na tragédia grega. Na psicoterapia, a catarse moreniana diferencia-se da catarse de ab-reação de Breuer e Freud, pois, através da ação dramática, o indivíduo torna-se inteiro, completando alguma etapa de seu processo de identidade.

A catarse de integração está incluída no processo terapêutico e constitui o ápice de um caminho, no qual há gradativamente a integração sistemática de vários conteúdos que vão sendo trabalhados.

A CATARSE DO GRUPO

A deposição de seus sentimentos e emoções na figura e no drama do protagonista permite que venham à tona conteúdos que também estavam afastados da consciência de outros participantes do grupo.

Os interesses, os sentimentos e as emoções vividos conjuntamente quase sempre permitem que os integrantes do grupo deem voz àquilo que vinha sendo evitado, comunicando-se com seus companheiros e, depois, com o protagonista. Há uma integração não só de cada um em relação a si mesmo, mas também do grupo. No entender de Moreno, "começa a parte da sessão que corresponde à psicoterapia de grupo. Os membros do grupo começam, um após outro, a comunicar entre si seus sentimentos e suas próprias experiências de conflitos análogos".

9. Técnicas

TÉCNICAS HISTÓRICAS

Em páginas anteriores, vimos a história do teatro espontâneo e do jornal vivo. Agora, veremos os elementos que dão força conceitual a essas técnicas e sua oportunidade na vivência prática.

A técnica do jornal vivo, diga-se logo, apenas se diferencia do teatro espontâneo pelas características de sua abertura ou iniciação. Enquanto no teatro espontâneo o grupo busca o tema condutor do espetáculo por meio das técnicas de aquecimento, no jornal vivo encontra-se o tema nas manchetes dos jornais diários, lidas e escolhidas no processo de aquecimento.

Assim como o teatro espontâneo deu origem ao teatro terapêutico, o jornal vivo pode ser considerado o antecessor do sociodrama, porque permite ao grupo vivenciar o presente sociocultural da comunidade numa experiência de criação coletiva em que não há um protagonista, mas todos o são, apoiados nas notícias.

Tanto uma técnica quanto a outra atendem ao propósito original da gênese teatral: a catarse coletiva. Ambas têm o princípio de buscar o processo criador espontâneo, em *status nascendi*, no "aqui e agora" da situação.

As propostas fundamentais dessas técnicas são: a eliminação do dramaturgo e da peça escrita: tudo é improvisado — a obra, a ação, o tema, o texto, o encontro e a resolução dos conflitos; a participação do auditório: todos são autores, espectadores participantes; a ausência de cenários montados no estilo clássico: o cenário é aberto, cenário-espaço, espaço aberto, espaço da vida, a vida mesma, *in situ.*

São finalidades atuais dessas técnicas: o estudo diagnóstico, exploratório, de situações existenciais, psicológicas e relacionais do grupo social; o estudo de qualquer acontecimento para conclusões, do ponto de vista psicossocial e institucional; a busca de soluções dos problemas pela catarse de integração grupal e consequentes modificações da *relação sociométrica* do grupo, instituição ou comunidade trabalhada. Note-se que, após esse trabalho, o grupo fica livre para posicionamentos e reposicionamentos de sua dinâmica política.

Quanto à organização, essas técnicas não são amorfas; portanto, não devem ser confundidas com o *happening*, pois propõem estruturação da forma, autorrealização criadora, inter-relação humana, participação de todos, relação do indivíduo com o grupo e com a sociedade. A partir daí, propõem-se objetivos como: a compreensão da dinâmica e da patologia grupal, a explicitação da rede afetivo-emocional, a necessidade e as possibilidades de mudança.

As etapas em que se desdobra o andamento do teatro espontâneo assemelham-se às de uma sessão de psicoterapia grupal ou de psicodrama. E não poderia ser diferente, pois, a partir dessa forma de teatro, organizaram-se as ideias e a prática psicodramáticas.

As etapas são:

- de *aquecimento*, em que sobressaem a gênese das ideias do grupo, a proposta da tarefa a ser executada e a pergunta: "O que o grupo deseja protagonizar?";
- de *dramatização* e *criação*, em que sobressaem a busca da concepção dramática, a distribuição dos papéis, a "armação" do cenário e a lenta metamorfose dos atores. Nessa etapa, ocorreria o auge da espontaneidade e da criatividade e a produção final do inconsciente grupal;

- de *compartilhamento*, em que se finaliza a dramatização específica, central na preocupação do grupo. Instala-se, então, o momento de compartilhar as emoções suscitadas, quando o grupo percebe a realidade de sua dinâmica coinconsciente e ocorrem outros tipos de reconhecimento afetivo e intelectual, necessários para possíveis transformações;
- de *comentários*, em que os elementos do grupo ainda exercem sua telessensibilidade, mas predomina a reflexão intelectual, buscando-se a elaboração do acontecido com o grupo como um todo e com cada um, atingido em sua individualidade.

RESISTÊNCIAS

O termo, aqui, não tem o sentido psicanalítico, mas pode até incluí-lo. Em Moreno, "resistência" significa dificuldade de conseguir a participação de todos para a realização proposta. São elas: contradições ou exclusões na busca do tema comum; dificuldade dos participantes em utilizar a movimentação do corpo e fazer o corpo relacionar-se com o do seu próximo, usando de mímica, gestos, toques; dificuldade para assumir os papéis distribuídos ou tomados, fixando-os em "tipos" da *conserva cultural*, evitando o espontâneo, o autenticamente criativo; dificuldades inerentes à própria personalidade do sujeito (personalidade no sentido "privado"), que provoca impossibilidade ou lentidão na produção de ideias — resistência psicanalítica caberia aqui; dificuldades impostas de fora pelos demais participantes, que, no auditório, por omissão ou interferência indevida, não permitem o andamento do trabalho.

A superação das resistências ou dificuldades se faz com as técnicas de *aquecimento*. Regra básica e fundamental é a do aquecimento adequado, no tempo e na qualidade, com observação consequente do que está acontecendo e oportuna intervenção do diretor no ritmo da ação. "Para cada unidade criativa, existe um momento que é mais favorável para sua realização", diz Moreno. O ritmo da ação dramática não corresponde ao da vida real. Não pode ser tão rápido que não consiga envolver protagonistas e participantes, nem tão lento que o desinteresse crie um elemento de resistência.

Após o *status nascendi*, atinge-se um pico de tensão, que em seguida vai caindo para um momento de relaxamento corporal e reflexão. O ato espontâneo é o que coincide, tanto quanto possível, com esse pico de tensão. Nas crianças, nas pessoas sensibilizadas, nos artistas, nas culturas primitivas, a distância entre o *status nascendi* e a produção do ato espontâneo mais significativo é reduzida no seu tempo. Nas pessoas com excessiva autocrítica, exigentes, sofisticadas ou com patologias, esse tempo é mais amplo. Há de haver um tempo de maturação, para que a aparição do ato espontâneo culminante seja a melhor.

Observa-se que as representações ligadas a temas de ordem cultural, antropológica e coletiva são mais fáceis de criar ou recriar. Os temas de ordem pessoal, referentes à "personalidade privada" do sujeito, são bem mais difíceis e, por certo, concernentes à psicoterapia no nível do intrapsíquico.

O controle do ritmo da sessão pode ser realizado com mudanças de propostas cênicas, efeitos luminosos, cortes cinematográficos.

Sem disciplina da direção, até o interjogo dos atores mais criativos poderá fracassar. Para evitar essa dispersão, o diretor deve ter bom conhecimento teórico das propostas morenianas, ser bem treinado em seu papel, estar bem entrosado afetiva e tecnicamente com os egos auxiliares, ter boa percepção do que está ocorrendo, procurar empatia com o grupo e exercitar a busca da relação télica, estar atento ao sistema de comunicação mediante observação direta e intuitiva, ter bom manejo da ordem das propostas cênicas, desenvolver senso de ritmo e senso de oportunidade.

TÉCNICAS BÁSICAS

As técnicas básicas do psicodrama são as que se embasam nas fases do desenvolvimento na matriz de identidade.

Existem três grandes momentos ou estágios no desenvolvimento do indivíduo na matriz, que recordamos agora, acrescentando a técnica básica correspondente.

1. ESTÁGIO DE IDENTIDADE TOTAL

Aqui, a criança, a mãe e o mundo constituem um todo inseparável, numa completa e espontânea identidade. A criança depende de alguém que a *auxilie* a sobreviver, alguém que faça por ela aquilo que ainda não pode fazer por si mesma, de maneira semelhante ao que faz o dublê do cinema. Devido a tal semelhança, Moreno denominou esse estágio de fase do duplo. O que se embasa nesse estágio é a *técnica do duplo*, que no psicodrama é executada pelo ego auxiliar ou, algumas vezes, pelo diretor, que expressa, em determinado momento, aquilo que o protagonista não está conseguindo expressar.

Inicialmente, o ego auxiliar adota a postura corporal do protagonista, procurando ter com este uma sintonia emocional. A partir daí, expressa questões, perguntas, sentimentos e ideias, fazendo que ele se identifique com esse duplo; possibilita, assim, o *insight* do protagonista. No psicodrama bipessoal, a técnica do duplo pode ser manejada pelo terapeuta da maneira que acabamos de descrever ou pode ser somente verbal, utilizando-se apenas o princípio da técnica, como ocorre com o uso de frases como "eu, no seu lugar, sinto que..."

A técnica do duplo, por se fundamentar no primeiro estágio da matriz de identidade, pode ser utilizada com qualquer protagonista, neurótico ou psicótico, e em qualquer momento da psicoterapia.

2. ESTÁGIO DO RECONHECIMENTO DO EU

"A criança concentra a sua atenção em outra pessoa e estranha parte de si mesma." Quando olha para a superfície da água ou se olha no espelho, a criança não percebe que é sua imagem que vê, mas de qualquer forma o que vê a atrai muito e, para testar, ela faz vários movimentos e caretas. Aos poucos, percebe que o "espelho" repete os *seus* movimentos e, para testar, torna a fazer vários movimentos e caretas. Finalmente reconhece que a imagem é dela própria, havendo aí um importante marco no seu processo de desenvolvimento. Por esse paralelismo, Moreno denominou este estágio de "fase do espelho".

A *técnica do espelho* se alicerça nessa vivência infantil, pois o protagonista, apesar de não ter um espelho real, vê seu comportamento como num espelho, através de um ego auxiliar, que o representa no cenário. A técnica pode ser utilizada de duas formas: na primeira, o próprio contexto dramático, o ego auxiliar entra e passa a espelhar o protagonista, que assiste a si mesmo, frente a frente; na segunda, o diretor retira o protagonista de cena e fica ao seu lado, assistindo ao desempenho do ego auxiliar, que toma seu lugar na dramatização. Essa segunda forma é menos chocante e dá mais possibilidades de *insight* ao protagonista, que se sente apoiado pela presença do diretor. Está também embasado nesse estágio o trabalho com gravações em vídeo, que possibilitam ao protagonista outra visão de si mesmo.

3. ESTÁGIO DO RECONHECIMENTO DO OUTRO

Nessa etapa, é comum que a criança proponha: "Tá bom que eu era mãe e você era filho?" Assim, situa-se ativamente na outra pessoa e representa o papel desta, ou seja, torna-se capaz de sair de si mesma e colocar-se no papel de sua mãe que, por sua vez, pode colocar-se no papel do filho.

Baseado nesse estágio, Moreno criou a *técnica da inversão de papéis*, dando também o mesmo nome a essa etapa de desenvolvimento.

No psicodrama, a técnica de inversão de papéis consiste em o protagonista tomar o papel do outro e este tomar o seu papel. Dessa forma, só há uma verdadeira inversão de papéis quando as duas pessoas estão realmente presentes — por exemplo, em todos os casos de confronto entre elementos do grupo ou mesmo entre o protagonista e os terapeutas. Quando o papel a ser representado é do mundo interno do protagonista, o que ocorre é uma inversão incompleta ou simplesmente *tomar o papel do outro,* denominação que julgamos mais precisa.

É das três técnicas básicas — duplo, espelho e inversão — que surgem todas as outras já criadas ou por criar, pois qualquer outra abrange ao menos o princípio contido em alguma delas.

No livro *Psicoterapia de grupo e psicodrama,* Moreno fala em 351 técnicas psicodramáticas, e todo psicodramatista experiente certamente já criou em seu trabalho alguma técnica; para isso, é de extrema importância que se aprenda o uso correto e preciso das três técnicas básicas.

OUTRAS TÉCNICAS

Autoapresentação. O cliente que se propõe ao trabalho apresenta-se ao grupo falando de si. Em seguida, ou concomitantemente, escolhe papéis ou cenas considerados significativos para mostrar o que pretende naquele momento. Para exemplificar, procura mostrar como desempenha um papel profissional ou familiar, ou como assume, em outros contextos, papéis tais como de namorado, companheira etc. As situações dramatizadas podem referir-se ao passado, ao presente ou ao futuro. O protagonista pode contracenar com pessoas reais e presentes, tal como ocorre no psicodrama familiar ou de casal, mas pode solicitar a um dos membros do grupo, entre eles os terapeutas, que interaja com ele na função de ego auxiliar.

Apresentação do átomo social. Trata-se de uma autoapresentação específica, em que, por escolha própria ou por solicitação do terapeuta, o protagonista apresenta pessoas afetivamente significativas. No dizer de Moreno, "representa sua própria pessoa e as de suas relações subjetivas e unilateralmente, como as vê e não como realmente são. Representa seu pai, sua mãe, sua irmã, sua mulher e qualquer outra pessoa de sua célula social, do ponto de vista de sua subjetividade". É uma técnica frequentemente utilizada em entrevistas iniciais e estudos diagnósticos.

Solilóquio. É uma das técnicas verbais utilizadas para tornar expressáveis níveis mais profundos do "mundo interpessoal" do protagonista. Moreno refere-se à fala do ator consigo mesmo em cena e lembra a sua utilização artística pelo dramaturgo americano Eugene O'Neill. No psicodrama, o cliente a utiliza para "reproduzir sentimentos e pensamentos ocultos que teve realmente em uma situação com pessoa relacionada a ele na vida, ou agora, no momento da ação dramática".

Moreno afirmou certa vez que, durante o solilóquio, o terapeuta psicodramatista pode agir como "mediador" e depois como "analista", isto é, colaborando para que a vivência da situação se torne mais clara e, com seus comentários, facilitando ao cliente o redimensionamento psicológico do significado de seu solilóquio.

Interpolação de resistências. Na verdade, Moreno utilizou essa expressão em vários procedimentos técnicos, que têm em comum o fato de visar a "contrariar" disposições conscientes e rígidas do protagonista. Permitem ao cliente ter acesso a novos pontos de vista, ter mais flexibilidade em suas posições relacionais e buscar caminhos mais produtivos para sua telessensibilidade. Um exemplo: o protagonista pede aos egos auxiliares a execução dos mesmos papéis, sempre com as mesmas características; o diretor de cena, observador, pede aos "egos" que modifiquem os *papéis complementares* solicitados, permitindo ao protagonista uma inusitada e nova experiência. Outro exemplo: um cliente costuma queixar-se de situação repetitiva e desconfortável na vida familiar; a modificação do *papel complementar* é a oportunidade para que ele experiencie sua capacidade para perceber, bem como transformar, o que é decorrente de suas atitudes na inter--relação da qual se queixava.

Concretização. Consiste na representação de objetos inanimados, entidades abstratas (emoções, conflitos), partes corporais, doenças orgânicas etc. por meio de imagens, movimentos e fala dramáticos, o que é feito pelo próprio cliente ou pelo ego auxiliar. Por exemplo, Moreno relata o diálogo que um protagonista tem com uma *corda,* com a qual foi amarrado quando tinha a idade de 8 anos. A corda foi representada pelo ego auxiliar. Com essa técnica, tornou-se manifesto o conteúdo daquilo que era simbolizado apenas nas referências verbais.

Realidade suplementar. De modo geral, as pessoas estão habilitadas a encontrar-se com partes psicológicas de si mesmas e também com pessoas que compartilham subjetivamente seus conflitos mentais. Moreno chamava de *dramatis personæ* o rol de personagens que compunham as cenas fixadas na matriz de identidade do sujeito. Acontece, porém, que nem sempre as *dramatis personæ* e as cenas em que estão envolvidas são reais, verdadeiras, com existência concreta. Mas as técnicas psicodramáticas permitem a vivência de fatos subjetivos da necessidade emocional do cliente que até mesmo não tenham sido reais. Permitir dramatizar o "não acontecido" é dramatizar o que Moreno denominou "realidade suplementar". A finalidade é conhecer e desvelar, no processo psicoterápico, o sentido e o significado dessa "realidade" para o protagonista. A técnica recebe o nome de "técnica da realidade suplementar".

ONIRODRAMA

A palavra é de origem grega: *oniro* significa sonho e *drama,* ação. Moreno inclui o onirodrama entre as principais técnicas do psicodrama, chamando-a de técnica psicodramática para a representação dos sonhos, ou técnica dos sonhos ou ainda método dos sonhos. É a técnica que permite examinar o "sonho em ação", ou seja, revivê-lo na ação dramática.

No psicodrama, o sonho é encarado como um processo criativo. No onirodrama, o sonhador, além de dramaturgo, é o próprio ator; o indivíduo parte para a ação em lugar de simplesmente relatar as situações vividas em sonho, tornando-as visuais também na ação dramática.

A dramatização e o sonho são categorias pertencentes a processos semelhantes e ficam numa posição intermediária entre o devaneio e o delírio. Ressaltamos a seguir algumas características importantes do sonho e da dramatização.

No sonho, todos os elementos e personagens são criações do sonhador e desaparecem com o seu despertar; portanto, toda ação e movimento ficam sujeitos à sua determinação. Já na dramatização, os personagens, apesar de serem criados pelo protagonista, são representados pelos egos auxiliares, que podem ajudá-lo a mudar o curso da ação.

Quanto às categorias de espaço e tempo, elas inexistem no sonho, que pode conter passado, presente e futuro condensados, e o sonhador vive simplesmente o momento. Na dramatização, tanto o passado quanto o futuro são "presentificados" no "aqui e agora" do contexto dramático.

A dramatização constitui um instrumento de grande importância para o trabalho psicoterápico do devaneio, do sonho e do delírio, pois utiliza, de maneira similar, a linguagem das imagens. Assim, até mesmo o devaneio pode ser utilizado no trabalho psicodramático, pois é possível dirigi-lo qual uma dramatização em cena aberta.

Sempre que estamos diante de um sonho, vem a pergunta de se este poderia ser dramatizado ou não.

A princípio, qualquer sonho poderia ser trabalhado pelo onirodrama, mas a experiência mostra que os sonhos mais importantes para o indivíduo esclarecer são basicamente de três tipos:

1. *Pesadelos*: sonhos com intensa emoção, que são comumente assustadores e, na maioria das vezes, forçam o despertar.
2. *Sonhos repetitivos*: surgem iguais ou com leves modificações, muitas vezes durante anos.
3. *Sonhos focais*: são, na maioria das vezes, curtos e pobres em imagens, mas sempre associados a emoções fortes, e o sonhador sente uma necessidade premente de clarificá-los.

Quando um sonho de qualquer um desses três tipos é comentado, podemos propor um onirodrama, que certamente trará algum esclarecimento ao sonhador ou lhe permitirá o acesso a algum conflito interno de importância.

A melhor proposta para trabalhar um sonho seria dramatizá-lo, vivendo-o na ação da forma mais pura. No entanto, quase sempre a pessoa que apresenta um sonho em sessão de psicoterapia individual o faz verbalmente, insistindo em relatá-lo assim. Sempre que possível, deve-se propor a dramatização imediata, antes de qualquer iniciativa oral.

No psicodrama de grupo, antes de mais nada é preciso verificar se quem traz o sonho foi escolhido previamente por todos os componentes do grupo e qual é seu compromisso com a escolha.

Em situações grupais, o sonho é sempre contado verbalmente antes, pois, em geral, constitui dado importante para que os elementos do grupo possam estar juntos com o protagonista durante o onirodrama.

COMO DRAMATIZAR

Pedimos de início que o protagonista refaça o dia que antecedeu ao sonho. Essa é a fase denominada pré-sonho, que pode ser aquecimento importante para o onirodrama e muitas vezes dá elementos de uma dinâmica que posteriormente aparece no sonho de forma simbólica. A fase do pré-sonho, na qual normalmente se utiliza a técnica do solilóquio, vai até o momento em que o indivíduo deita "na cama" para dormir.

Já deitado "em sua cama", pedimos ao protagonista que feche os olhos e passe a olhar para dentro de si. Logo que o sonho voltar a aparecer, como se fosse um filme, ele deve avisar. Indagamos ainda se costuma dormir de luz acesa ou apagada, e a resposta é respeitada no contexto dramático.

Imediatamente após o aviso do protagonista, propomos a entrada no "mundo dos sonhos", mudamos a iluminação, desfazemos a cena do seu quarto e pedimos que ponha em cena todos os elementos do sonho.

É importante essa demarcação, porque facilita ao protagonista entrar no mundo onírico, onde impera uma lógica diferente daquela que dirige o pensamento das pessoas quando despertas.

Entramos, então, na cena do sonho propriamente dito, no qual é relevante a exploração de cada elemento que aparece, pois às vezes um pequeno detalhe pode simbolizar uma situação significativa do sonhador. Essa investigação dos diversos elementos é feita principalmente com a técnica da inversão de papéis.

Muitas vezes, trabalhamos uma cena única, ou seja, a cena do sonho; outras vezes, o sonho é apenas a primeira cena, onde identificamos um elo dramático que nos conduz a outras cenas (latentes) necessárias para a identificação da situação conflitual do protagonista.

O trabalho com o onirodrama pode ser utilizado até mesmo com o indivíduo psicótico, facilitando-lhe, a partir do sonho, a revivência do ocorrido no surto, pois conduz rapidamente aos conteúdos conflituais, possibilitando a sua elaboração.

Toda vez que o protagonista traz um sonho, de preferência dos três tipos já referidos, podemos propor o onirodrama, que pode ser feito em cena aberta ou através do devaneio dirigido e sempre possibilita a clarificação de aspectos obscuros ou mesmo a elaboração de conflitos importantes.

10. Prática psicodramática

A PRÁTICA PSICODRAMÁTICA ASSENTA-SE sobre o tripé contextos, instrumentos e etapas.

CONTEXTOS

São o encadeamento de vivências privadas e coletivas de sujeitos, inter-relacionadas numa contingência espaço-temporal. Três são os contextos do psicodrama: social, grupal e dramático.

CONTEXTO SOCIAL

É constituído pela realidade social tal "como é", pelo tempo cronológico das folhinhas e dos relógios e pelo espaço concreto, geográfico.

Cada comunidade ou sociedade tem características próprias: antropológicas, culturais, econômicas e políticas; daí resultam as leis, normas e regras que as regulam e disciplinam. Muitas informações, relatos e vivências de clientes referem-se ao meio social de onde provêm. Também a matriz de identidade, que formou os primeiros papéis do sujeito, pertence ao contexto social, bem como o seu "átomo social".

CONTEXTO GRUPAL

É constituído pela realidade grupal tal "como é", pelo tempo cronológico, dentro de um intervalo previamente estabelecido e combinado, e pelo espaço concreto, que pode ser escolhido e delimitado.

Esse contexto, em seu aspecto virtual (realidade grupal), de certo modo está contido no grupo, que o forma com base em situações definidas e objetivos específicos.

O contexto grupal psicodramático pressupõe uma estrutura desvinculada de modelos controladores, coercitivos e destrutivos.

Os terapeutas (diretor e egos auxiliares) e demais participantes constituem os elementos componentes do grupo e são eles que, em suas interações, compõem a trama do contexto grupal. Cada sujeito traz o seu átomo social para o grupo, conjugando-o com sua rede sociométrica. No contexto grupal é que se propõe e se delineia o trabalho da sessão.

O contexto grupal é estudado pela sociodinâmica e pela sociometria. O coinconsciente permeia o contexto grupal. Há sinais objetivos e até visíveis, não verbais, que podem ser observados pela movimentação e pelos gestos dos participantes, traduzindo uma dinâmica própria, objeto dos estudos socionômicos.

O grupo, em seu contexto, pode representar a "miniatura" ora de uma família, ora de uma sociedade, ou, ainda, constituir-se como uma nova matriz de identidade.

CONTEXTO DRAMÁTICO

É constituído pela realidade dramática no "como se", pelo tempo fenomenológico, subjetivo, e pelo espaço também fenomenológico, virtual, construído sobre o espaço concreto, devidamente marcado.

Para a compreensão fundamental desse contexto, é preciso lembrar que nele tudo ocorre no "como se fosse" do imaginário e da fantasia.

Aí, o sonhador, o ético e o pecador, como diria Moreno, têm oportunidade, em ambiente protegido, de tecer sua história. Aí se realiza o "homem cósmico", o homem da criatividade simbólica; expandem-se e reduzem-se os átomos sociais; criam-se e recriam-se papéis. Trabalha-se a um só tempo — presente, passado, futuro. Nesse contexto ocorre a "catarse de integração", a principal forma de cura do psicodrama. Nele manifestam-se o coinconsciente e o inconsciente individual.

Na prática, o contexto grupal pode ser psicologicamente atingido no campo psicológico pela "catarse de integração" do(s) protagonista(s), que se dá em contexto dramático.

Em comum acordo com o grupo, o terapeuta pode propor que o contexto dramático, em certo momento, englobe o contexto grupal. Desse modo, todos estarão em um único contexto até o término do compromisso assumido com a proposta.

INSTRUMENTOS

Instrumento é o meio empregado na execução do método e das técnicas psicodramáticas.

Cinco são os instrumentos do psicodrama:

Cenário é um espaço multidimensional e móvel onde ocorre a ação dramática, "projetado de acordo com as necessidades terapêuticas". Na prática, a decoração do ambiente é mais constituída por convenções estabelecidas entre o diretor e o protagonista do que por um arsenal de objetos materiais que sugiram com fidelidade o ambiente em que se desenrola a cena. Uma linha traçada imaginariamente pode valer como uma parede, uma porta; uma cadeira ou uma almofada pode representar uma mesa, uma casa e até uma cidade. O indispensável é que todos os participantes adotem as mesmas convenções em relação ao espaço utilizado; só assim é possível, pelo trabalho da imaginação, projetar em objetos simples o clima afetivo da cena.

Protagonista, do grego *proto* (primeiro, principal) e *agonistes* (lutador, competidor). Dá-se esse nome ao sujeito que emerge na ação dramática simbolizando os sentimentos comuns

CAMILA SALLES GONÇALVES, JOSÉ ROBERTO WOLFF
E WILSON CASTELLO DE ALMEIDA

que permeiam o grupo, recebendo deste aquiescência para representá-lo com base na dinâmica sociométrica.

Diretor é o terapeuta que coordena a sessão. Tem três funções: *diretor* da cena propriamente dita, *terapeuta*, do protagonista e do grupo, e *analista social*. Como *diretor de cena*, promove o *aquecimento*, aguça sua sensibilidade para procurar, juntamente com o protagonista e os egos auxiliares, a melhor direção para a encenação do drama, mantendo o tele com o público. Como *terapeuta*, está atento à sua interação com o protagonista e aos sentimentos, emoções e pensamentos que ocorrem na inter-relação. Como *analista social*, juntamente com os egos auxiliares, comenta com o protagonista, na fase do *compartilhamento* ou no momento que lhe pareça oportuno, o que compreendeu da situação vivida em cena.

Ego auxiliar é o terapeuta que interage em cena com o protagonista. Também tem função tríplice: *ator, auxiliar do protagonista* (terapeuta) e *observador social*. Como ator, representa papéis, estando habituado a utilizar seus *iniciadores* e a colaborar na manutenção do aquecimento específico. É o terapeuta que mais diretamente facilita a *catarse*, na medida em que participa sem desvios do clima emotivo. Muitas vezes, sua habilidade no desempenho do *papel complementar* facilita também *insights* do protagonista. Como *observador social*, observa as inter-relações da microssociedade reproduzida em cena, do ponto de vista de alguém que dela participa. Comunica ao diretor aspectos que escapem a este, uma vez que o diretor não está interagindo com o protagonista do mesmo modo.

Público é o conjunto dos demais participantes da sessão psicodramática. Por seu compartilhamento e comentários, na fase posterior à dramatização, é importante para a terapia do protagonista, ajudando-o ao funcionar como uma caixa de ressonância ou tornando-se ele mesmo o protagonista coletivo.

ETAPAS

A sessão de psicodrama divide-se em três etapas distintas: aquecimento, dramatização e compartilhamento.

AQUECIMENTO

É o momento em que se dá a escolha do protagonista e a preparação para a dramatização.

Inicialmente ocorre o *aquecimento inespecífico,* que pode ser verbal ou corporal e termina com o surgimento do protagonista, que poderá ser um indivíduo ou o próprio grupo.

Em seguida há o *aquecimento específico,* ou seja, o aquecimento do protagonista, preparando-o para a ação dramática.

DRAMATIZAÇÃO

Nessa etapa é que se desenrola a ação dramática propriamente dita. O protagonista, já devidamente aquecido, começa a representar no *contexto dramático* as figuras de seu mundo interno, presentificando seu conflito no cenário.

Aqui o *ego auxiliar* tem a importante função de ajudar o protagonista, de maneira decisiva, a perceber os vários aspectos dos elementos presentes na ação dramática.

Essa fase termina com a elucidação, o encaminhamento ou a resolução do conflito exposto.

COMPARTILHAMENTO

Moreno chama essa fase também de *participação terapêutica do grupo.* Nessa etapa cada elemento do grupo pode expressar, em primeiro lugar, aquilo que o tocou e o emocionou na dramatização, os sentimentos nele despertados e também sua vivência de conflitos semelhantes. Em seguida são feitos outros comentários a respeito da cena a que assistiu.

É importante que o diretor não facilite comentários "críticos", pois para o protagonista, que se expôs inteiramente, isso não é justo. Para o elemento do grupo, o simples analisar é muitas vezes cômoda forma de resistência. Ao solicitar o compartilhamento, o diretor faz que cada indivíduo também se exponha e fique em igualdade de condições com o protagonista.

Existem ainda duas outras etapas que podem ocorrer numa sessão de psicodrama: a *elaboração* e o *processamento*. Essas etapas não estão referidas na obra de Moreno, mas, devido a seu uso corrente, é importante sua clarificação didática.

A *elaboração* se dá em intervalo de tempo coordenado pelo diretor, que tem finalidade terapêutica; pode ser feita em seguida ao compartilhamento ou no início da sessão seguinte, como parte do aquecimento inespecífico. O diretor rememora com o protagonista o ocorrido na dramatização, auxiliando-o a entender os conteúdos expressos e relacionando-os com o seu processo terapêutico.

O *processamento* só ocorre em psicoterapia ligada ao ensino do psicodrama. É um tipo especial de elaboração, pois refere-se aos aspectos técnicos da sessão e do processo do indivíduo.

No psicodrama didático, principalmente em grupos de clientes em que todos são profissionais, o processamento é sempre a última etapa da sessão ou a primeira da sessão seguinte. Com esse procedimento, fica mais fácil perceber o acontecido na dramatização, além de se clarificarem aspectos técnicos da sessão.

Epílogo

SÃO GRANDES AS DIFICULDADES encontradas na leitura de Moreno, se exigimos coerência absoluta e inexistência de contradições. Autor criativo e original, apresentou sua obra com pouco rigor metodológico.

Para entender seus escritos, é interessante conhecer suas justificativas como conferencista, que se encontram no prefácio da edição alemã de *Psicoterapia de grupo e psicodrama*: "Falo sempre livremente, isto é, sem preparação para cada conferência; afinal, isso seria também inoportuno, porque o problema do *eu* que cada grupo tem pode ser diretamente, *hic et nunc**, vivido com o grupo e trabalhado diante dos seus olhos". De fato, os livros de Moreno transparecem como cópias de suas conferências.

1. ROTEIRO PARA LEITURA LINEAR DE MORENO

Para que o interessado em conhecer Moreno possa compreendê-lo melhor, sugerimos uma ordem na leitura de seus livros:

1. *Fundamentos do psicodrama* (do original em inglês *Psychodrama — Second volume. Foundations of psychotherapy*), publicado pela Summus Editorial em 1983, com tradução de Maria Silvia Mourão Netto.** É nesse livro que o criador do

---

* Em latim no original: aqui e agora. [N. E]
** Uma segunda edição, com tradução de Moysés de Aguiar, foi lançada pela Editora Ágora em 2014. [N. E.]

psicodrama deixa os seus conceitos mais claros e sistematizados e também assume posições mais evidentes. A edição original foi publicada em 1959 e faz parte de uma fase da obra de Moreno que podemos caracterizar como a da solidificação de suas ideias.

O livro divide-se em seis palestras, das quais só a primeira ocorreu ao vivo numa viagem do autor pela Europa em 1954. Todas as conferências foram enviadas a 17 psiquiatras, dez psicólogos, seis sociólogos e dois teólogos, proeminentes profissionais da época, dos quais ressaltamos: Nathan Ackerman, Franz Alexander, Gordon Allport, Medard Boss, Frieda Fromm-Reichmann, Serge Lebovici, Jules Masserman, Louis Cholden e Paul Johnson. Cada um deles mandou por escrito sua argumentação e suas questões, e no final de cada capítulo Moreno fez uma tréplica.

Nos dois primeiros capítulos, são discutidos tele, transferência e inconsciente, numa psicoterapia interpessoal.

Essas declarações são complementadas pela sexta conferência, e Moreno deixa evidente a caracterização do psicodrama como psicoterapia existencial e da sessão psicodramática como experiência de base existencial.

Na terceira palestra, aborda o tema do *acting-out* e sua utilização terapêutica no contexto psicodramático. No quarto capítulo, fala do homem espontâneo, da aplicação da técnica da inversão de papéis e de seu uso com crianças.

Finalmente, a quinta conferência é um protocolo de trabalho realizado com um cliente que, na época da guerra, julgava-se Adolf Hitler. É extremamente ilustrativo, pois evidencia o trabalho psicodramático e suas possibilidades.

2. *Psicoterapia de grupo e psicodrama* (do original em alemão *Gruppenpsychotherapie und Psychodrama*, de 1959), publicado pela Mestre Jou em 1974, com tradução de Antonio Carlos M. Cesarino. Constitui uma primeira tentativa do autor de expor suas ideias de maneira mais clara e objetiva, abordando essencialmente o psicodrama, a psicoterapia de grupo e a sociometria.

Moreno descreve os contextos, as etapas, os instrumentos e as técnicas do psicodrama, além de explicitar sua teoria socionômica.

Nesse livro, situam-se os interessantes protocolos de Moreno, nos quais descreve e discorre sobre vários casos clínicos diagnosticados e tratados pelo psicodrama. Ressaltamos casos de neurose, de psicose de adolescente e até um caso de psicodrama individual sem a presença de um ego auxiliar.

No protocolo de psicoses, há o psicodrama de um sonho, mostrando a forma característica do autor de trabalhar com ele.

3. *Psicodrama* (do original em inglês *Psychodrama — First volume*, de 1946), publicado pela Cultrix em 1975, com tradução de Álvaro Cabral. Nesse livro, está todo o cerne de sua obra, embora de maneira assistemática e, em certos momentos, difícil para o iniciante. É leitura obrigatória para quem deseja contato mais efetivo com o criador do psicodrama, pois as ideias de espontaneidade, criatividade, conserva cultural, momento, matriz de identidade e teoria dos papéis são aí apresentadas.

No início do livro, uma introdução à quinta edição do original em inglês traz, de maneira sucinta e mais clara, várias ideias fundamentais, como papéis, coinconsciente, *acting-out*, tele, transferência, espontaneidade, diretor e egos auxiliares.

Na edição em português, foram acrescentados três capítulos: psicomúsica, sociodrama e filmes terapêuticos, publicações que não faziam parte do texto original de *Psychodrama — First volume*.

4. *Fundamentos de la sociometría* (do original em inglês *Who shall survive? — A new approach to the problem of human interrelations*, de 1934), publicado em 1972 pela Paidós, de Buenos Aires, com tradução de J. García Bouza y Saúl Karsz.* Trata-se de uma leitura difícil e densa, para ser feita já numa fase em que o interessado estiver dominando melhor as noções fundamentais.

---

* Posteriormente, foi publicado em português sob o título *Quem sobreviverá? — Fundamentos da sociometria, da psicoterapia de grupo e do sociodrama*, com tradução de Moysés de Aguiar (São Paulo: Daimon, 2008). [N. E.]

5. *O teatro da espontaneidade* (do original em inglês *The theatre of spontaneity*, de 1947), publicado pela Summus em 1984, com tradução de Maria Silvia Mourão Netto.* Esse livro esclarece as ideias de Moreno sobre espontaneidade e criatividade. Mostra também a relação histórica do psicodrama com o teatro da espontaneidade e o teatro terapêutico. Moreno diz que esse livro marca a transição dos seus escritos religiosos para os científicos.

6. *Las palabras del padre* (do original em alemão *Das Testament des Vaters*, de 1920). Foi o primeiro livro escrito por Moreno e traduzido para o espanhol por Jaime Ortiz para a editora Vancu, de Buenos Aires, em 1976.** É uma obra importante para ser lida por quem já tenha a compreensão das ideias e do caminho percorrido por Moreno, para que possa senti-los em toda a sua força de criatividade e espontaneidade.

Por coincidência ou não, vemos que a leitura da obra de Moreno, para ser bem aproveitada, com resultados didáticos de aprendizagem, deve ser feita de trás para diante. Iniciando pelos livros publicados no momento de organização e consolidação de sua obra, o leitor terá uma ideia mais clara e vibrante, para em seguida aprofundar-se nas obras dos primeiros tempos.

2. ROTEIRO PARA LEITURA EM ZIGUEZAGUE

Pode parecer apenas trabalhoso passar de um capítulo final de um livro para o início de outro, para o meio de um terceiro, voltar para o primeiro etc. Em que pesem tais dificuldades, parece-nos que pode também ser instigante seguir uma espécie de mapa ou, menos do que isso, uma trilha, para percorrer volumes

---

* Uma segunda edição, com tradução de Moysés de Aguiar, foi lançada pela Editora Ágora em 2012. [N. E.]

** Atualmente, também disponível em português (ver Bibliografia básica). [N. E.]

LIÇÕES DE PSICODRAMA

da obra de Moreno, já que nem todos os livros primam pela sistematização e parecem compostos ao calor da descoberta.

Sugerimos um contato imediato com uma sessão de psicodrama realizada e registrada por Moreno; depois, esclarecimentos de ordem metodológica e técnica por ele elaborados em outros momentos; em seguida, as teorias com que fundamentou a prática; então, a leitura de outra sessão etc. Este é um roteiro que articula teoria e prática, abordando por aproximações sucessivas o objeto de estudo: o psicodrama moreniano.

Passos:

1. "Psicodrama de um sonho", in: *Psicoterapia de grupo e psicodrama*, seção VIII.
2. "Métodos", idem, seção IV.
3. "Princípios de espontaneidade", in: *Psicodrama*, seção IV, *op. cit.*
4. "Tratamento psicodramático de problemas conjugais", idem, seção VIII.
5. "Teoria e prática dos papéis", idem, seção V.
6. "Etapas no desenvolvimento de uma típica relação matrimonial", idem, seção VIII.
7. "Terapia psicodramática de choque", in: *Psicoterapia de grupo e psicodrama*, seção VIII.
8. "Função do diretor psicodramático, do ego auxiliar e do público", in: *Psicodrama*, seção IV.
9. "O princípio", "Instrumentos", "Dinâmica da terapia psicodramática" e "As primeiras vivências da criança", in: *Psicoterapia de grupo e psicodrama*, seção IV.
10. "Tratamento psicodramático de um comportamento neurótico infantil", idem, seção VI.
11. "A família terapêutica", idem, ibidem.
12. "A sociometria e a patologia do grupo", idem, II.
13. "A microscopia social", in: *Quem sobreviverá?*, livro III.
14. "A interação social", idem.

15. Primeira, segunda e sexta conferências, in: *Fundamentos do psicodrama*.

16. "Introdução à terceira edição do original em inglês", in: *Psicodrama*.

É claro que, se o leitor seguiu parcial ou integralmente essas sugestões, já encontrou um roteiro pessoal, ditado por sua própria curiosidade, espontaneidade e criatividade. Além disso, resta-nos propor que confira a bibliografia básica (p. 109).

APLICAÇÕES DO PSICODRAMA

- Como psicoterapia processual, sistematizada, individual ou grupal.
- Como psicoterapia breve.
- Como "ato terapêutico": vivências, psicodrama público, *workshop*, teatro, sessões abertas, jornal vivo, que valem como psicoterapia de sensibilização e mobilização sociodinâmica e como forma de divulgação técnica.
- Como estudo diagnóstico e terapêutico de grupos sociais identificados: comunidades, grupos raciais, clubes, associações, escolas, partidos políticos.
- Como estudo diagnóstico e terapêutico de grupos sociais configurados: prisões, reformatórios, conventos, asilos.
- Como estudo diagnóstico e terapêutico das instituições, nos seus aspectos burocráticos e globais.
- Como processo pedagógico, como metodologia de ensino.
- Como processo de aperfeiçoamento das relações humanas em casa, na escola, no trabalho e na convivência social de modo geral.
- Como processo de treinamento de lideranças grupais e comunitárias.
- Como processo de pesquisa no campo da assistência e do trabalho social.
- Como processo de treinamento específico de pessoal e equipes profissionais.

Bibliografia básica

AGUIAR, Moysés. *Teatro da anarquia — Um resgate do psicodrama*. Campinas: Papirus, 1988.

ALMEIDA, Wilson Castello de. *Formas do encontro — Psicoterapia aberta*. São Paulo: Ágora, 1988.

ANZIEU, Didier. *Psicodrama analítico*. Rio de Janeiro: Campus, 1981.

BUSTOS, Dalmiro Manuel. *Psicoterapia psicodramática*. São Paulo: Brasiliense, 1978.

_____. *O psicodrama*. 3. ed. rev. e ampl. São Paulo: Summus, 2005.

BOUR, Pierre. *Psicodrama e vida*. Rio de Janeiro: Zahar, 1974.

DIAS, Victor R. C. Silva. *Psicodrama — Teoria e prática*. São Paulo: Ágora, 1987.

FONSECA FILHO, José de Souza. *Psicodrama da loucura — Correlações entre Buber e Moreno*. 7. ed. rev. São Paulo: Ágora, 2008.

GONÇALVES, Camila Salles (org.). *Psicodrama com crianças — Uma psicoterapia possível*. 5. ed. São Paulo: Ágora, 1988.

LEMOINE, Gennie; LEMOINE, Paul. *O psicodrama*. Belo Horizonte: Interlivros, 1978.

MARTÍN, Eugenio Garrido. *Psicologia do encontro — J. L. Moreno*. Tradução de Maria de Jesus A. Albuquerque. 3. ed. São Paulo: Ágora, 1996.

MILAN, Betty. *O jogo do esconderijo — Terapia em questão*. São Paulo: Novos Umbrais, 1976.

MONTEIRO, Regina Forneaut. *Jogos dramáticos*. 5. ed. São Paulo: Ágora, 1994.

MORENO, Jacob Levy. *Fundamentos de la sociometría*. Tradução de J. García Bouza e Saúl Karsz. Buenos Aires: Paidós, 1972.

_____. *Psicoterapia de grupo e psicodrama*. Tradução de Antônio Carlos M. Cesarino. São Paulo: Mestre Jou, 1974.

_____. *Psicodrama*. Tradução de Álvaro Cabral. São Paulo: Cultrix, 1975.

_____. *Las palabras del padre*. Tradução de Jaime Ortiz. Buenos Aires: Vancu, 1976.

_____. *As palavras do pai*. Tradução de José Carlos Landini e José Carlos Vitor Gomes. Campinas: Psy, 1992.

_____. *Quem sobreviverá? — Fundamentos da sociometria, da psicoterapia de grupo e do sociodrama*. Tradução de Moysés Aguiar. São Paulo: Daimon, 2008. (Edição do estudante)

MORENO, Jacob Levy. *O teatro da espontaneidade*. Tradução de Moysés Aguiar. São Paulo: Ágora/Daimon, 2012.

MORENO, Jacob Levy; MORENO, Zerka Toeman. *Fundamentos do psicodrama*. Tradução de Moysés Aguiar. São Paulo: Ágora/Daimon, 2014.

MORENO, Zerka Toeman. *Psicodrama de crianças*. Petrópolis: Vozes, 1975.

NAFFAH NETO, Alfredo. *Poder, vida e morte na situação de tortura — Esboço de uma fenomenologia do terror*. São Paulo: Hucitec, 1985.

_____. *Psicodramatizar — Ensaios*. 2. ed. São Paulo: Ágora, 1990.

_____. *Psicodrama — Descolonizando o imaginário*. São Paulo: Plexus, 1997.

PERAZZO, Sergio. *Descansem em paz os nossos mortos dentro de mim*. 5. ed. rev. São Paulo: Ágora, 2019.

ROJAS-BERMÚDEZ, Jaime G. *Introdução ao psicodrama*. Tradução de José Manoel D'Alessandro. São Paulo: Ágora, 2016.

ROMAÑA, Maria Alicia. *Do psicodrama pedagógico à pedagogia do drama*. Campinas: Papirus, 1996.

SCHÜTZENBERGER, Anne-Ancelin. *Psicodrama — O teatro da vida*. São Paulo: Duas Cidades, 1970.

_____. *Introdução à dramatização — O sociodrama, o psicodrama e suas aplicações no trabalho social, nas empresas, na educação e na psicoterapia*. Belo Horizonte: Interlivros, 1978.

SILVA JUNIOR, Aldo. *Jogos para terapia, treinamento e educação*. Curitiba: Imprensa Universitária da UCP, 1982.

SOEIRO, Alfredo Correia. *Psicodrama e psicoterapia*. 2. ed. rev. ampl. São Paulo: Ágora, 1995.

TIBA, Içami. *Puberdade e adolescência — Desenvolvimento biopsicossocial*. 4. ed. São Paulo: Ágora, 1986.

WEIL, Pierre. *Psicodrama*. Rio de Janeiro: Cepa, 1978.

WEIL, Pierre; SCHÜTZENBERGER, Anne-Ancelin. *Psicodrama triádico — Uma síntese entre Freud, Moreno, Kurt Lewin e outros*. Tradução de Frederico Stein. Belo Horizonte: Interlivros, 1977.

WIDLÖCHER, Daniel. *Psicodrama infantil*. São Paulo: Vozes, 1970.

WOLFF, José Roberto. *Sonho e loucura*. São Paulo: Ática, 1985.

Os autores

Camila Salles Gonçalves

Psicóloga pela Pontifícia Universidade Católica de São Paulo (PUC-SP), é graduada, mestre e doutora em Filosofia pela Universidade de São Paulo (USP). Professora do curso de expansão "A Filosofia na Escrita da Psicanálise Contemporânea", no Instituto Sedes Sapientiae, é psicanalista, membro do Departamento de Psicanálise do Sedes e coordenadora do Conselho Editorial de Resenhas de *Percurso — Revista de Psicanálise*. Psicodramatista, é professora-supervisora pela Sociedade de Psicodrama de São Paulo (SOPSP) e pela Federação Brasileira de Psicodrama (Febrap). Fundadora do Vagas Estrelas, grupo de teatro experimental de psicodrama, é organizadora de *Psicodrama com crianças — Uma psicoterapia possível* (Ágora, 1988) e autora e coautora de diversos artigos sobre psicodrama, psicanálise e filosofia.

José Roberto Wolff

Médico formado pela Faculdade de Medicina da Universidade de São Paulo (FMUSP), é mestre em Psiquiatria pela mesma instituição. Psicodramatista, é professor supervisor pela Federação Brasileira de Psicodrama (Febrap).

Wilson Castello de Almeida

Médico pela Universidade Federal de Minas Gerais (UFMG), é mestre em Psiquiatria pela Universidade de São Paulo (USP). Fez formação em psicodrama pela Sociedade de Psicodrama de São Paulo (SOPSP) e pela Federação Brasileira de Psicodrama (Febrap). É pós-graduado em Teoria e Prática de Psicanálise pelo Instituto de Psicologia da USP. Foi presidente do Departamento de Psiquiatria da Associação Paulista de Medicina (APM) e sócio-fundador da Associação Brasileira de Psicoterapia (Abrap). Entre seus livros estão: *Psicoterapia aberta — O método do psicodrama, da fenomenologia e da psicanálise* (Ágora, 2006); *Defesas do ego — Leitura didática de seus mecanismos* (Ágora, 1996/2009); *Elogio a Jacques Lacan* (Summus, 2017); e *Fontes do pensamento de Jacques Lacan* (Summus, 2021).

www.gruposummus.com.br